노동부 부정수급
예방 및 대응
매뉴얼

노동부 부정수급 예방 및 대응 매뉴얼

이관수 지음

"고용보험법 전문 노무사
이관수의 노동부
부정수급 예방 및 대응
솔루션 전격 공개"

한국사회보장법학회 이사로서의 학문적

연구와 고용보험법 전문

노무사로서 실무 경험이 담긴

노동부 부정수급 예방 및 대응의

모든 것

좋은땅

머리말

우리나라 실업급여 부정수급 현황을 살펴보면 실업급여 수급자 대비 실업급여 지급액은 해마다 지속적으로 증가하고 있다. 근로자와 사업주가 공모한 공모형 부정수급이나 컨설팅 등을 통한 브로커형 부정수급도 매년 증가하고 있다. 따라서 실업급여 부정수급을 예를 들어 보아도 노동부 내에 실업급여 및 육아휴직 급여 등의 부정수급 사례는 날로 증가하고 있으며 이에 대한 예방 대책 필요성이 대두되는 시점이다. 우리나라는 노동부 부정수급 사건에 대하여 범죄행위로 인식하는 제재적 수단을 사용하고 있다. 즉 고용보험법에 부정수급 행위유형을 구체화하고 있지는 않지만 '거짓이나 그 밖의 부정한 방법'으로 실업급여 등을 지급받은 경우라고 규정하고, 위반에 대해서 지급제한, 반환 및 추가징수뿐만 아니라 형사처벌을 부과하고 있다.

이에 더하여 그동안 2018년 4월까지 경찰 합동 수사에 의존하던 방식에서 적극적인 노동부 부정수급 방지 및 조사를 위하여 고용노동부 독자적인 수사권을 부여하는 고용보험수사관(특별사법경찰관) 제도를 도입하고 운영하고 있다. 따라서 이러한 고용보험수사관 제도를 통하여 각 고용노동지청별로 부정수급과 또는 고용관리과를 통하여 고용보험수사관이 부정수급 조사 및 적발 업무를 수행하고 있는 실정이다. 특히 정부는 2019년 고용보험법을 개정하여 '부정수급자의 법정형을 3년 이하의 징역 또는 3천만 원 이하의 벌금으로 상향조정하고, 근로자와 사용자의 공모형 부정수급에 대하여는 별도 신설하여 5년 이하의 징역 또는 5천만 원 이하의 벌금으로 규정하였고 이로 인하여 정식재판을 통한 실형이 선고되는 사례도 증가하고 있다. 이 책은 노동부 부정수급에 대하여 고용보험심사 및 재심사 주요 결정례를 통하여 적절한 대응조치에 대하여 시사하는 바와 노동부 부정수급의 예방 및 대응 방안을 모색해 보도록 하겠다.

목차

1. 고용보험심사 재심사 주요 결정례

1) 육아휴직 기간 중 사장의 업무요청에 응하였으나 대가를 수령하지 않는 등 제반 사정을 감안하여 부정수급이 아니라고 본 사례

결정서

○ 사건번호 및 사건명 : 2019-351 육아휴직 급여 지급제한, 반환명령 및 추가징수 처분 취소 청구

○ 청구인 : 김○○

○ 피청구인 : 대구지방고용노동청구미지청장

○ 주문 : 청구인의 청구를 기각한다.

○ 청구취지 : 청구인 김○○(이하 "청구인"이라 한다)은 대구지방고용노동청구미지청장(이하 "피청구인"이라 한다)이 2019. 3. 21. 청구인에게 행한 "육아휴직 급여 지급제한, 반환명령 및 추가징수 처분"에 대하여 "이를 취소한다."라는 심사결정을 구한다.

이유
----

1. 사건 개요

가. 청구인은 (주)□□□□테크(이하 "사업장"이라 한다)에서 2018.
   8. 1.부터 같은 해 10. 31.까지 육아휴직을 부여받아 사용하면서
   피청구인에게 3차례에 걸쳐 동 기간 동안의 육아휴직 급여를 신
   청하여 지급받았다.

나. 피청구인은 청구인의 육아휴직 급여 신청서의 IP와 사업장의 육
   아휴직 확인서의 IP가 동일하여 육아휴직 기간 중에 근로를 제공
   한 것으로 의심되어 사실관계를 조사한 결과, 청구인이 2018. 8.
   6. 복직하였다고 판단됨에도 최초 부여받은 육아휴직 기간 전부
   에 대하여 육아휴직 급여를 지급받은 사실이 있음을 확인하고 같
   은 해 2019. 3. 21. 청구인에게 육아휴직 급여 지급제한, 반환명
   령 및 추가징수 처분(총 5,109,660원) 처분하였다.

다. 이에 청구인은 2019. 3. 22. 원처분을 알고 피청구인의 위 육아휴
   직 급여 지급제한, 반환명령 및 추가징수 처분이 부당하다며 같
   은 해 4. 11. 동 처분을 취소해달라는 심사청구서를 제출하였다.

2. 청구인 주장

가. 법에 대하여 잘 모르지만 법은 상식을 실현하는 것이라고 생각한다.

나. 휴직 중에는 근로를 지시할 수 없고 어떠한 형태의 일도 할 수 없
   다는 법 규정이 있다고 말하였으나 본인 입장에서는 근로나 일이
   라고 할 수 없는 극히 가벼운 도움을 사업장에 제공한 것에 불과

하다.

다. 휴직 중 근로를 지시할 경우 휴직이 아닌 것이 되기 때문에 조기
복직을 신고하지 않은 것이 문제가 된다고 들었으나 이는 국가에
서 지급하는 보험급여의 혜택을 받으면서 근로를 통한 이중소득
을 취하는 것을 방지하겠다는 취지로 이해되는 바, 본인의 경우
그 취지를 위반하지 않았고 비록 휴직 중이라도 가벼운 업무 협
조는 당연히 하는 것이 옳다고 생각하였으며 그에 따른 대가도
취하지 않았고 대가를 받을 만한 일도 아니었다.

라. 본인은 범법의 의도도 없었고 이렇게 큰 금액을 추징당할 만큼의
중과실을 저질렀다고 생각하지 않는 바, 짧은 생각이라면 재심을
통해 지도해주고 앞으로 더 큰 실수를 저지르지 않도록 훈계하는
수준에서 벌해주기를 간청한다.

3. 피청구인 주장

가. 청구인은 근로라고 생각하지 않았다고 주장하고 있으나 청구인
도 육아휴직 기간 중에 부사장 신청식의 지시로 업무를 수행한
사실은 인정하였고 피청구인 측에서는 육아휴직 안내문 등을 통
해 조기복직, 휴직 중 퇴사, 출산휴가, 자영업 시작, 일용근로 및
기타 사항 등 변동사항이 발생하면 육아휴직이 중단되므로 변동
사항이 있으면 반드시 신고할 것을 안내하고 있다.

나. 그럼에도 청구인은 비록 업무수행 시간은 짧으나 부사장의 업무
문의, 사장 및 부사장의 근무지시 이행, 자발적인 업무 수행 등이
단발적으로 있었던 것이 아니라 3개월간 지속적으로 이루어졌음

에도 3차례의 육아휴직 급여 신청서를 작성하면서 해당 사항을 신고하지 않는 등 소극적 행위로 일관한 바, 청구인의 진술에도 불구하고 청구인이 제출한 육아휴직 급여 신청은 고용보험법을 위반한 거짓이나 부정한 방법에 해당하는 것이므로, 부정수급으로 처리함이 타당하다.

다. 위 검토내용을 토대로 판단했을 때, 청구인이 2018. 8. 6.부터 육아휴직이 종료된 상태임에도 조기복직한 사실이 없다는 내용의 육아휴직 급여 신청서를 제출하여 육아휴직 급여를 지급받았으므로 부정수급이 인정되는 바, 피청구인이 청구인에게 행한 육아휴직 급여 지급제한, 반환명령 및 추가징수 처분은 적법·타당하므로 청구인의 심사청구를 기각한다는 결정을 구한다.

4. 쟁점

청구인과 피청구인의 주장이 이러하므로 이 사건의 쟁점은 최초 부여받은 육아휴직 기간보다 조기에 복직하였음에도 당초의 육아휴직 기간 전부에 대하여 육아휴직 급여를 지급받았음을 이유로 피청구인이 청구인에게 행한 육아휴직 급여 지급제한, 반환명령 및 추가징수 처분이 적법·타당한지 여부라 할 것이다.

5. 심사자료

가. 심사청구서(청구취지 및 이유서)

나. 원처분청 의견서

다. (1차·2차)진술조서(전자메일 및 □□오톡 대화내역)

라. 피의자 신문조서

마. 입출금 거래내역

바. 신용카드 이용대금명세서

사. 관련 고용노동부 질의 회신(2부)

아. 대법원 판결(2009. 6. 11., 선고, 2009두4272 판결)

자. 육아휴직안내문

차. 모성보호 부정수급 사실조사 및 처리 보고

카. 육아휴직 급여 지급제한, 반환명령 및 추가징수 결정 통지서

타. 육아휴직 확인서, 육아휴직 급여 지급목록 조회 기타 자료

파. 노동 관계법 위반사항 시정지시

이관수 노무사 TIP

고용보험심사청구에서 심사자료를 살펴보면 피의자 신문조서 및 입출금 거래
내역, 신용카드 이용내역 등에 대하여 검토한 사실을 알 수 있습니다. 즉 노동부
고용보험수사관은 객관적인 입증자료로서 부정수급 의심사업장 또는 부정수급
의심자에 대한 신문조서 및 사실확인서 등의 자료 외에도 통장내역, 교통카드,
신용카드, 통신사 기지국열람(1년치) 등의 일반적인 요구자료를 통하여 부정수
급 여부를 판단함을 알 수 있습니다.

---

6. 사실인정 및 판단

가. 관계 법령

    1) 고용보험법 제62조, 제73조, 제74조

    2) 고용보험법 시행규칙 제105조, 제119조

나. 관련 사실에 대한 인정

1) 위 1. 사건 개요 '가', '나' 및 '다'의 내용

2) 2018. 8. 26. 사업장에서 제출한 육아휴직 확인서의 내용을 보면 청구인의 육아휴직 기간이 2018. 8. 1.부터 같은 해 10. 31.까지라고 기재되어 있음이 확인된다.

3) 2018. 9. 2. 청구인이 제출한 육아휴직 급여 신청서의 내용을 보면 급여 신청기간이 2018. 8. 1.부터 같은 해 8. 31.까지라고 기재되어 있고, 조기복직 사실 여부 질문의 답 중 "아니오"에 표기되어 있음이 확인된다.

4) 2019. 1. 25. 청구인의 진술조서의 내용을 보면 부사장의 간단한 업무에 대한 문의에 간헐적으로 답변하는 것이 주(主)였고, 직접 서류를 작성한 것은 중증장애인 지원금 신청서 등 3, 4번 정도였으며, 중간중간 간접적으로 이를 거절하기도 하였으나 바뀌는 것은 없었다고 답변한 사실 등이 기재되어 있음이 확인된다.

5) 2019. 1. 26. 청구인의 진술조서의 내용을 보면 중국발 비행기 티켓을 예매한 사실이 있고, 재직증명서 서식 등을 전자메일로 전달한 사실이 있으며, 휴직 기간 중 여름휴가비와 명절비를 받은 사실이 있고, 부사장이 물어보는 것을 답변하는 것이 일이라고 생각하지 않았으며, 부사장이 부탁하는 업무들이 신청서 작성이나 단순한 서류 전달 등으로서 한 달에 최대 3시간 내외라고 생각한다고 답변한 사실 등이 기재되어 있음이 확인된다.

6) 청구인이 전자메일 내역의 내용을 보면 육아휴직 기간 중에 총 14회 (8월 5회, 9월 3회, 10월 6회) 전자메일을 발송한 사실이 있음이 확인

된다.

7) 2019. 3. 3. 청구인의 피의자신문조서의 내용을 보면 한 달 평균 소요 시간에 1시간 7분 정도로 수정하고, 자신이 수행한 업무 정도는 재택 근무 정도로서 조기복직이라는 생각을 전혀 하지 못하였으며, 잠깐씩 일을 도와준 것으로 부정수급이라고 하는 것은 너무하므로 이의제기 를 하겠다고 답변한 사실 등이 기재되어 있음이 확인된다.

8) 이 사건 관련 피청구인이 고용노동부에 질의한 건에 대한 고용노동부 의 행정해석(여성고용정책과-954, 2019. 2. 26.)에 의하면 육아휴직 기간 중 재택근무할 경우 그 이전까지 육아휴직 급여를 지급할 수 있 고, 육아휴직자가 휴직 중 소속 사업장에서 근로를 하는 경우 거짓이 나 그 밖의 부정한 방법으로 육아휴직 급여를 지급받은 것으로 보아 야 할 것이라고 회신한 사실이 있음이 확인된다.

8-1) 또 다른 고용노동부의 행정해석(여성고용정책과-2258, 2016. 7. 7.) 에 의하면 사업주는 육아휴직 중인 근로자에게 재택근무를 명할 경우 이는 육아휴직을 허용하지 않는 것으로서 재택근무기간은 당연히 휴 직 기간으로 볼 수 없다고 회신한 사실이 있음이 확인된다.

9) 피청구인이 제출한 육아휴직 안내문의 내용을 보면 육아휴직 급여 수 급기간 동안의 변동사항 유형과 사유 발생 시 제출서류, 부정수급 처 분 시의 불이익 등의 내용이 기재되어 있음이 확인된다.

10) 피청구인이 청구인에게 송부한 육아휴직 급여 지급제한, 반환명 령 및 추가징수 결정 통지서의 내용을 보면, 휴가 기간 동안 근로제 공을 이유로 2018. 8. 1.부터 같은 해 10. 31.까지 지급제한하고, 총 5,109,660원을 일시납부하라고 기재되어 있음이 확인된다.

11) 이 사건 관련 심사관이 아래와 같이 통화한 사실이 있다.

○ 2019. 5. 29. 오후 (담당 고용보험수사관) : 기소의견으로 송치하였으나 검찰에서 고의성이 없음(금품을 지급받은 사실도 없는 관계로 미필적 고의도 없음)을 이유로 불기소(혐의 없음) 처분한 사실이 있고, 다만 대구서부고용노동지청에서 사업장에 육아휴직 미부여를 이유로 시정지시한 것으로 알고 있다.

○ 2019. 5. 29. 오후 (대구서부고용노동지청 근로감독관) : 고용보험수사관과의 통화내용을 알려주자 사업장에게 시정지시를 한 것은 사실이라고 하여 시정지시서를 제출해 줄 것을 요청하였다.

※ 통화 후 시정지시서를 내부 메일로 제출받았다.

12) 대구서부고용노동지청에서 사업장에 송부한 시정지시서의 내용을 보면 청구인에게 육아휴직을 부여하지 않았음을 이유로 2019. 5. 10.까지 이를 부여하고 관련 자료를 재출하라고 기재되어 있음이 확인된다.

다. 판단

1) 이 사건과 관련되는 법령의 규정 내용은 다음과 같다. 고용보험법 제62조제1항에 '직업안정기관의 장은 거짓이나 그 밖의 부정한 방법으로 구직급여를 지급받은 자에게 지급받은 전체 구직급여의 전부 또는 일부의 반환을 명할 수 있고, 이에 추가하여 고용노동부령이 정하는 기준에 따라 그 거짓이나 그 밖의 부정한 방법으로 지급받은 구직급여액에 상당하는 액수 이하의 금액을 징수할 수 있다.'고 규정하고, 같은 법 제73조제3항에 '거짓이나 그 밖의 부정한 방법으로 육아휴직급여를 받았거나 받으려 한 자에게는 그 급여를 받은 날 또는 받으려

한 날부터의 육아휴직 급여를 지급하지 아니한다. (후략)'고 규정하고, 같은 법 제74조제1항에 '육아휴직 급여에 관하여는 제62조를 준용한다. 이 경우 "구직급여"는 "육아휴직 급여"로 본다.'고 규정하고, 같은 법 시행규칙 제104조에 '직업안정기관의 장은 법 제62조제1항에 따라 거짓이나 그 밖의 부정한 방법으로 구직급여를 지급받은 자에게 다음 각 호의 기준에 따라 반환을 명하여야 한다. 1. 지급받은 구직급여 전부의 반환을 명할 것 (후략)'이라고 규정하고 있다. 같은 법 시행규칙 제105조제1항에 '법 제62조제1항에 따른 추가징수액은 거짓이나 그 밖의 부정한 방법에 따라 지급받은 구직급여액의 100분의 100으로 하되 (후략)'라고 규정하고, 같은 법 시행규칙 제119조에 '법 제62조제1항 및 제74조에 따른 육아휴직등 급여의 부정수급으로 인한 추가징수에 관하여는 제105조를 준용하되 (중략) 이 경우 "구직급여액"은 "육아휴직등 급여액"으로 본다.'고 규정하고 있다.

2) 위 사실인정과 고용보험법 등 관련 규정을 종합하여 피청구인의 처분이 적법·타당한지 판단한다. 청구인은 근로라고 할 수 없는 극히 가벼운 도움을 사업장에 제공한 것에 불과하고, 그에 따른 대가도 취하지 않았으며, 범법의 의도가 없었음에도 이를 부정수급으로 간주하여 피청구인이 육아휴직 급여 지급제한, 반환명령 및 추가징수 처분한 것은 부당하니 지도 또는 훈계하는 수준에서 벌해달라고 주장하는 반면에 피청구인은 상기 주장에서 적시한 내용과 같이 청구인이 실제 2018. 8. 6.부터 사업장의 업무를 수행하여 육아휴직이 종료된 상태라고 판단됨에도 조기복직한 사실이 없다는 내용의 육아휴직 급여 신청서를 제출하여 육아휴직 급여를 지급받은 것은 부정행위에 해당

하므로 청구인에게 육아휴직 급여를 지급제한하고, 총 5,109,660원을 반환명령 및 추가징수한 이 사건 처분이 적법·타당하다고 주장한다. 관련 법령과 양 측 주장 및 제출된 자료를 근거로 하여 피청구인의 처분이 적법·타당한지 여부에 대해 살펴보면, ① 청구인이 육아휴직 기간 중인 2018. 8. 6.부터 지원금 신청서의 작성, 비행기 티켓의 예매, 육아휴직 확인서 발급, 사무실 용품의 구매, 각종 서류의 전송 등 근로를 제공한 사실이 있다고 판단되는 점, ② 그럼에도 청구인이 육아휴직 급여 신청서 상의 조기복직 사실 여부 질문의 답 중 "아니오"에 표기한 사실이 있고 이에 따라 당초의 육아휴직 기간 전부에 대하여 육아휴직 급여를 지급받은 사실이 확인되는 점, ③ 청구인은 고의성이 없음을 주장하였고, 검찰 역시 고의성이 없음을 이유로 불기소(혐의 없음) 처분하였으나 부정수급 처분에 있어 사실의 존재 자체로 족하고 반드시 고의성이 필요하지는 않다고 보여지는 점, ④ 노동 관계 법령 위반 여부에 대한 수사권이 있는 근로감독관이 청구인에게 육아휴직을 미부여하였음을 이유로 사업장에 시정지시한 사실이 있는 점, ⑤ 피청구인 측에서 자료의 배부를 통하여 육아휴직 급여 수급기간 동안의 변동사항 유형과 사유 발생 시 제출서류, 부정수급 처분 시의 불이익 등을 안내한 사실이 있는 점 등을 종합해 볼 때, 피청구인의 육아휴직 급여 지급제한, 반환명령 및 추가징수 처분을 취소해야 한다는 청구인의 주장은 이유 없다 할 것이다. 따라서 최초 부여받은 육아휴직 기간보다 조기에 복직하였음에도 당초의 육아휴직 기간 전부에 대하여 육아휴직 급여를 지급받았음을 이유로 피청구인이 청구인에게 행한 육아휴직 급여 지급제한, 반환명령 및 추가징수 처분은 적법·타당하다고 판단된다.

7. 결론

그렇다면 청구인의 이 사건 청구는 이유 없다고 할 것이므로 청구인의 청구를 기각하기로 하여 고용보험법 제96조의 규정에 따라 주문과 같이 결정한다.

2019년 5월 31일

고용보험심사관

재결서

○ 사건번호 및 사건명 : 2019재결 제107호 육아휴직 급여 지급제한, 반환명령 및 추가징수 처분 취소 청구

○ 청구인 : 김○○

○ 피청구인 : 대구지방고용노동청 구미지청장

○ 주문 : 피청구인이 2019. 3. 21. 청구인에게 행한 육아휴직 급여 지급제한, 반환명령 및 추가징수 처분을 취소한다.

○ 청구취지 : 주문과 같다.

이유

1. 사건 개요

가. 청구인 김○○(이하 '청구인'이라 한다)은 2018. 8. 1.부터 2018. 10. 31.까지 (주)□□□□테크(이하 '이 사건 회사'라 한다)에서 육아휴직을 부여받고 피청구인에게 3차례에 걸쳐 육아휴직 급여를 신청하여 지급받았다.

나. 피청구인은 청구인의 육아휴직 급여 신청 IP와 통상적으로 사업장에서 제출하는 육아휴직 확인서 상의 IP가 61. 85. **. **로 동일하여 육아휴직 기간 중 청구인의 근로제공이 의심되어 조사를 하였고, 그 결과 청구인이 2018. 8. 6. 조기복직하였다고 판단하여 2019. 3. 21. 이 사건 처분인 육아휴직 급여 지급제한, 반환명령 및 추가징수 처분(총 5,109,660원)을 하였다.

다. 이에 청구인은 2019. 4. 11. 원처분이 부당하다며 고용보험심사관에게 심사청구를 제기하였으나, 2019. 6. 5. 기각결정 되었음을 알고 2019. 8. 21. 고용보험심사위원회에 재심사청구를 제기하였다.

2. 청구인 주장

육아휴직 중에 사업주는 근로자에게 근로를 지시할 수 없고 근로자는 어떠한 형태의 일도 할 수 없다는 법 규정이 있다고 하나, 청구인은 육아휴직 중에 근로라고 할 수 없는 극히 가벼운 도움을 이 사건 회사 측에 제공한 것에 불과하다. 청구인은 육아휴직이 종료된 현재는 재택근무를 하면서 주 1회 이 사건 회사에 출근하고 있고, 이 사건 회사의 대표전화를 착신전환하여 받고 있으나, 육아휴직 기간에는 출근하지 않았고 회사 대표전화를 착신전환하지 않았다. 사업주가 육아휴직 중에 있는 근로자에게 근로를 지시할 경우 더 이상 휴직이라고 할 수 없어 문제가 되는 부분은 국가에서 지급하는 보험급여 혜택을 받으면서 근로를 제공하고 이중으로 소득을 취하는 경우일 것이다. 청구인은 휴직 중이라도 가벼운 업무 협조를 해주는 것이 옳다고 생각하였을 뿐, 그에 따른 대가를 취하지 않았으며 대가를 받을 만한 일도 아니었다. 피청구인은 자료배부를 통해 육아휴직 급여 수급기간 동안 변동사항이 발생할 경우 제출할 서류 및 부정수급에 대한 불이익 등을 안내하였다고 하나, 청구인은 인터넷으로 육아휴직 급여를 신청하였기에 피청구인이 배부하였다는 자료를 본 적이 없고, 인터넷에는 새로 취업한 경우 또는 이직, 금품을 지급받은 경우, 거짓이나 그 밖의 부정한 방법으로 급여를 받는 경우에만 육아휴직 급여가 제한된다고 안내되어 있었다. 청구인이 육아휴직 중에 사업주를 대신하여 장애인 인턴지원금 신청을 한 적이 있다. 이는 휴직이 끝나고 신청했어도 무방하나 근로제공이라고 할 수 없는 가벼운 도움이었기에 휴직 중에 신청을 했던 것이고, 사업주(대표) 중국발 비행기표 예매는 사업주가 법인명의 휴대폰과 신용카드를 가지고 있어 중국에서 인증절차가 불가능하여 청구인이 결제 가능한 카드로 결제를 대신해 주고 사후에 비용을 정산 받았다. 또한, 직원 한 명이 재직증명서 양식을 보내달라고 하였는데, 이 사건 회사 측에서 자료를 보내 줄 사람이 없어 재직증명서 양식을 보내준 적이 있다. 이러한 행위를 거짓이나 그 밖의 부정한 방법으로 보험급여를 받은 경우라고 보기는 어렵다. 근로현장의 실제상황에 대한 진정성 있는 고민과 이해 없이 지나치게 문자적 행정해석을 한 것 같다. 청구인은 노동자의 입장 및 처지를 헤아리고 열린 마음으로 도울 수 있는 방안에

골몰하는 정부 부처가 고용노동부라고 믿고 있다. 청구인은 법을 위반할 의도가 없었고 이렇게 큰 금액을 추징당할 만큼 중과실을 저질렀다고 생각하지 않는다. 그러므로 이 사건 처분을 취소하여 줄 것과 훈계 수준의 처벌을 부탁드린다.

3. 피청구인 주장

가. 근로제공 및 육아휴직 종료 여부

이 사건 회사의 신○○ 부사장(이하 '부사장'이라 한다)이 2018. 8. 6. 청구인에게 중증장애인 인턴지원금 신청서 작성을 지시하여 청구인은 이를 3차례 이행하였고, 그 이후로도 이 사건 회사에서 사용할 사무용품 구매, 사업주 출장을 위한 중국발 편도 비행기표 예약 등 여러 차례 지시를 받아 업무를 수행한 부분이 확인되었다. 그 외에도 청구인은 육아휴직 기간에 이 사건 회사에서 신청해야 하는 육아휴직 부여 지원금 신청서를 스스로 자원하여 신청하였고, 업무용 메일을 확인하여 문제가 보이면 스스로 부사장에게 알렸다고 진술하는 등 자발적으로 업무를 수행한 부분도 함께 확인되었다. 따라서 청구인의 경우 2018. 8. 6.부터 부사장 지시로 업무를 여러 차례 수행한 것이 확인되므로 2018. 8. 6.부터 육아휴직이 종료되고 조기복직한 것이며, 육아휴직 중에 있지 않으나 육아휴직 급여를 수령한 것이다.

나. 주 15시간미만 근로제공으로 볼 수 있는지 청구인이 육아휴직 기간에 이 사건 회사의 업무를 수행한 것이 확인되었으나, 그 시간이 주 평균 15시간 미만이어서 부정수급으로 볼 수 있는지를 여

성고용정책과에 질의한바, 주 15시간 미만 여부와 관계없이 육아 휴직 기간에 재택근무를 명하는 경우는 육아휴직을 부여하지 않은 것으로 당연히 휴직 기간이 아니며, 재택근무일 이전까지 육아휴직 급여를 지급할 수 있다는 답변을 받았다.

다. 육아휴직 중 근로제공 대가로 인한 금품 수령 여부

이 사건 회사 측에서 청구인의 육아휴직 기간에 입금한 내역은 2018. 8. 10. 여름휴가비 100,000원, 2018. 9. 2. 678,400원(사업주 부탁으로 중국발 편도 비행기 티켓(업무출장용)을 개인 카드로 결제하고 그 실비를 받은 금액), 2018. 9. 21. 추석상여금 200,000원이 확인되었으나, 청구인이 육아휴직 기간에 급여를 받은 사실은 확인되지 않았다.

라. 부정수급의 고의 또는 중과실 여부

청구인은 이 사건 회사로부터 육아휴직 기간에 급여를 받은 사실이 없으며, 육아휴직이 종료된 상태인지를 알지 못한 것으로 보이는바 고의성을 가지고 부정수급 했다고 보이지는 않는다. 그러나 중과실이라 함은 조금만 주의를 기울였다면 그러한 위반행위를 하지 않을 수 있었음에도 불구하고 그 주의를 기울이지 않은 것으로서, 청구인은 이 사건 회사로부터 2018. 8. 10. 여름휴가비를 받은 것에 대해서는 육아휴직 급여에 문제가 발생할 것으로 예상하여 고용센터에 문의. 육아휴직 기간 중 사업주로부터 육아휴직을 이유로 금품을 지급받은 경우 사업주로부터 지급받은 금품과 육아휴직 급여의 100분의 75를 합한 금액이 휴직 개시일을 기준으로 산정한 통상임금보다 더 많은 경우 초과하는 금액

만큼 육아휴직 급여를 감액하여 지급. 그러나 휴직 기간 중 지급한 금품이라도 상여금, 연차휴가수당, 성과급 등 그동안의 근로에 대한 기여 등을 고려하여 지급되는 금품 등은 육아휴직을 이유로 지급된 금품으로 보기 어렵다(2018 모성보호 업무편람). 이에 따라 피청구인은 청구인이 육아휴직 기간에 수령한 금품을 육아휴직을 이유로 지급된 금품으로 보지 않은 것으로 보인다. 하였으나, 2018. 8. 6.부터 2018. 10. 31.까지 약 3개월 동안 부사장 지시로 근로를 제공한 것에 대해 문제가 되는지는 문의하지 않았다. 또한 2016. 7. 7. 여성고용정책과 질의회신은 네이버, 다음 등 인터넷 포탈에 '육아휴직 중 근무'로 검색하면 나오는 내용이며, 그 외에도 육아휴직 기간 중에 일을 시킬 수 없고, 일을 시키는 경우 육아휴직 급여를 전액 반환해야 한다는 내용도 인터넷 검색으로 찾아볼 수 있음이 확인된다. 따라서 청구인이 해당 건에 대해 조금만 관심을 가졌다면 미연에 방지하거나 신고할 수 있는 기회가 충분히 있었으므로 중과실이 있다고 판단하였다.

마. 결론

청구인은 고용보험을 위반하여 거짓이나 부정한 방법으로 육아휴직 급여를 수령한 것으로 부정수급에 해당하므로 피청구인이 고용보험법 제62조, 제73조에 따라 행한 이 사건 처분은 적법·타당하다.

4. 관계 법령

고용보험법 제62조, 제72조, 제73조, 제74조

고용보험법 시행령 제96조, 제97조

고용보험법 시행규칙 제105조, 제119조

남녀고용평등과 일·가정 양립 지원에 관한 법률 제19조

5. 인정사실

가. 위 '1. 사건 개요'의 '가' 내지 '다'의 기재 내용과 같다.

나. 청구인은 2018. 5. 9. 자녀를 출산하였고, 이에 따른 출산휴가를 2018. 5. 1.~7. 31. 사용하였으며, 이후 2018. 8. 1.~10. 31. 사업주로부터 육아휴직을 부여받았다.

다. 고용보험전산망에 의하면, 이 사건 회사의 업종은 일반 목적용 기계 제조업으로, 청구인이 출산휴가를 사용할 당시 고용보험 피보험자격 취득자 수는 8명으로 확인되나, 대체인력 채용 여부는 확인되지 않는다.

라. 청구인은 2018. 5. 2. 부사장에게 "부사장님 저 사실 5월 1일부터 3개월 동안 휴가예요. 제가 얘기 안 해도 다들 아서서 따로 얘기 안 했는데, 3개월 동안은 부사장님이 좀 해주세요. 입금 관련 건도 다 사장님한테 얘기하시면 돼요. 금오디엔아이는 제가 입금할게요."라는 문자메시지를 발송한 사실이 있다.

마. 청구인은 2018. 8. 6. 부사장으로부터 "현장 직원들 8월 12일 지급분 급여 계산 자료를 송부하니 정리하여 세무사에 전달 요망, 중증장애인 급여 지급 후 공단에 지원금 신청 요망" 등에 관한 이메일을 받은 사실이 있다.

바. 청구인은 육아휴직 기간인 2018. 8. 10. 여름휴가비 명목으

로 100,000원을, 2018. 9. 2. 사업주용 비행기표 정산금액으로 678,400원을, 2018. 9. 21. 명절상여금 명목으로 200,000원을 사업주로부터 각각 지급받았고, 이 외에 지급받은 금품은 확인되지 않는다.

사. 청구인은 2018. 9. 2., 2018. 10. 15., 2018. 11. 13. 피청구인에게 육아휴직 급여를 각각 신청하여 총 2,700,000원(900,000원×3개월)을 지급받았다.

아. 피청구인은 2019. 1. 25., 1. 26., 3. 13. 청구인에 대한 육아휴직 급여 부정수급 여부를 조사한 후 청구인이 육아휴직 기간에 "① 사업주를 위한 중국발 비행기표 예매(2018. 8. 29.), ② 청구인의 육아휴직 확인서 작성 및 제출(2018. 9. 2.), ③ 중증장애인 인턴 지원금 신청 문의 및 지원금 신청[2018. 8. 22.(문의), 8. 23.(1차 신청), 9. 18.(2차 신청), 10. 16.(3차 신청)], ④ 육아휴직 부여 지원금 신청(2018. 10. 6.), ⑤ 사무용품 구매 1회"와 같은 업무를 수행하였다고 판단하였다.

자. 청구인은 2019. 1. 25. 및 1. 26. 육아휴직 급여 부정수급과 관련하여 조사를 받을 당시, 육아휴직 기간에 육아를 전담하였고, 육아휴직을 부여해 준 대표에게 고마운 마음이 들어 보탬이 되고자 육아휴직 부여 지원금을 신청하게 되었다는 취지로 진술하였다.

차. 청구인은 2019. 3. 13. 피청구인에게 "출산휴가 및 육아휴직 기간 모두 합쳐서 400분 정도 근무하였고, 한 달에 1시간 7분 정도 근무한 것으로 볼 수 있다."라고 진술한 바 있다.

카. 피청구인은 청구인이 고용보험법을 위반하여 부정한 방법으로

육아휴직 급여를 수령하였다는 이유로 대구지방검찰청 김천지청에 기소의견으로 송치하였으나, 대구지방검찰청 김천지청 담당 검사의 수사지휘에 따라 수사한 후 불기소 의견으로 송치하였고, 대구지방검찰청 김천지청 담당 검사는 과실범에 대한 명시적인 처벌규정이 없다는 이유로 불기소 처분하였다.

6. 이 사건 처분의 위법·부당 여부

가. 관계 법령 등의 내용

1) 고용보험법 제70조제1항은 "고용노동부장관은 남녀고용평등과 일·가정 양립 지원에 관한 법률 제19조에 따른 육아휴직을 30일(근로기준법 제74조에 따른 출산전후휴가 기간 90일과 중복되는 기간은 제외한다) 이상 부여받은 피보험자 중 다음 각 호의 요건을 모두 갖춘 피보험자에게 육아휴직 급여를 지급한다."라고 규정하고 있다. 한편, 고용보험법 제62조제1항은 "직업안정기관의 장은 거짓이나 그 밖의 부정한 방법으로 구직급여를 지급받은 자에게 지급받은 전체 구직급여의 전부 또는 일부의 반환을 명할 수 있고, 이에 추가하여 고용노동부령이 정하는 기준에 따라 그 거짓이나 그 밖의 부정한 방법으로 지급받은 구직급여액에 상당하는 액수 이하의 금액을 징수할 수 있다."라고, 법 제72조제1항은 "피보험자가 육아휴직 급여 기간 중에 이직 또는 새로 취업(취직한 경우 1주간의 소정근로시간이 15시간 미만인 경우는 제외한다. 이하 이 장에서 같다)하거나 사업주로부터 금품을 지급받은 경우에는 그 사실을 직업안정기관의 장에게 신고 하여야 한다."라고, 제2항은 "직업안정기관의 장은 필요하다고 인정하면 육아

휴직 급여 기간 중의 이직, 취업 여부 등에 대하여 조사할 수 있다."라고, 법 제73조제1항은 "피보험자가 육아휴직 급여 기간 중에 그 사업에서 이직하거나 새로 취업한 경우에는 그 이직 또는 취업하였을 때부터 육아휴직 급여를 지급하지 아니한다."라고, 제3항은 "거짓이나 그 밖의 부정한 방법으로 육아휴직 급여를 받았거나 받으려 한 자에게는 그 급여를 받은 날 또는 받으려 한 날부터의 육아휴직 급여를 지급하지 아니한다."라고, 법 제74조제1항은 "육아휴직 급여에 관하여는 제62조를 준용한다. 이 경우 '구직급여'는 '육아휴직 급여'로 본다."라고 각각 규정하고 있다.

그리고 고용보험법 시행규칙 제105조제1항은 실업급여 부정수급에 대한 추가징수에 대해 규정하고 있는데, 시행규칙 제119조는 육아휴직 급여의 부정수급으로 인한 추가징수에 있어 제105조를 준용하도록 하고 있다.

2) 남녀고용평등과 일·가정 양립 지원에 관한 법률 제19조제1항은 "사업주는 근로자가 만 8세 이하 또는 초등학교 2학년 이하의 자녀를 양육하기 위하여 휴직을 신청하는 경우에 이를 허용하여야 한다."라고, 같은 조제2항은 "육아휴직의 기간은 1년 이내로 한다."라고 규정하고 있다.

3) 판례는 "고용보험법 제73조제3항 및 제74조제1항, 제62조제1항이 정하고 있는 육아휴직 급여의 지급제한, 반환명령 및 추가징수 요건으로서 거짓이나 그 밖의 부정한 방법이란 육아휴직 급여를 지급받을 수 없음에도 지급받을 자격을 가장하거나 지급받을 자격이 없다는 점을 감추기 위하여 행하는 일체의 부정행위로서 육아휴직 급여 지급에

관한 의사결정에 영향을 미칠 수 있는 적극적 및 소극적 행위를 뜻한다고 할 것이다(대법원 2003. 9. 5. 선고 2001두2270 판결 참조). 그런데 거짓이나 그 밖의 부정한 방법으로 육아휴직 급여를 지급받는 자는 침익적 처분인 육아휴직 급여 지급제한, 반환명령 및 추가징수의 대상이 될 뿐 아니라, 고용보험법 제116조제2항에 따라 형사처벌의 대상이 되는 점, 고용보험법 제74조제1항에서 제62조제3항을 준용하여 수급자격자 또는 수급자격이 있었던 자에게 잘못 지급된 육아휴직 급여가 있으면 그 지급금액을 징수할 수 있도록 하는 별도의 반환명령에 관한 규정을 두고 있는 점 등에 비추어 볼 때, 육아휴직 급여가 부정수급에 해당하는지는 엄격하게 해석·적용하여야 한다. 따라서 거짓이나 그 밖의 부정한 방법으로 급여를 지급받은 경우에 해당한다고 보기 위해서는 허위, 기만, 은폐 등 사회통념상 부정이라고 인정되는 행위가 있어야 하고, 단순히 요건이 갖추어지지 아니하였음에도 급여를 수령한 경우까지 이에 해당한다고 볼 수는 없다(대법원 2014. 11. 27. 선고 2014두9266 판결참조, 2017. 8. 23. 선고 2015두51651 판결 참조)."라고 판시하고 있다.

나. 판단

관계 법령 등의 내용, 양 당사자의 주장, 관련 자료를 바탕으로 한 위 인정사실 등을 종합하여 살펴보면, 이 사건의 쟁점은 청구인이 육아휴직 기간에 사업주를 단순히 도와준 것에 불과한 것인지, 아니면 2018. 8. 6. 육아휴직을 종료하고 조기에 복직한 것에 해당하는지에 있다. 육아휴직 제도는 근로자가 육아로 인해 퇴직하는 것을 방지하고, 직장생활과 가정생활을 조화롭게 양립할 수 있도록 하는데 그 목적이 있고, 만 8세 이하 또는 초등학교 2학년 이하의 자녀를 가진 근로자는 자녀의 양육을 위해 최대 1년 동안 육아휴직을 사용할 수 있다. 통상적으로 휴직이란 근로계약관계를 유지하면서 일정기간 근로제공을 면제하거나 금지하는 것을 말한다. 사업주는 육아휴직 중인 근로자에게 근로를 명할 수 없으며, 사업주가 육아휴직 중인 근로자에게 재택근무를 명할 경우 이는 육아휴직을 허용하지 않은 것이 되고, 남녀고용평등과 일·가정 양립 지원에 관한 법률을 위반하는 문제가 발생하게 된다. 한편, 고용노동부는 "육아휴직제도는 근로자의 신분을 계속 유지하면서 출산휴가 직후 일정기간 자녀의 양육을 위해 직무에 종사하지 않고, 휴직종료 후에는 휴직전과 동일한 업무 또는 동등한 수준의 임금을 지급하는 직무에 복귀시켜야 하는 제도인 바, 수개월간 육아휴직중인 근로자가 별도의 추가임금을 지급받지 아니한 채, 업무형편상 간헐적으로 사업장에 나와 업무지원을 한 사항만을 가지고 (구)고용보험법 제55조의5제1항의 규정에 의한 당해 사업에서 이직하거나 새로이 취업하는 경우로 볼 수 없다 할 것이므로 급여의 지급제한에 해당된다고 볼 수 없다(여성고용과-2675, 2004. 11. 10.)"라고 유권해석 한 바 있고, 법원은 "거짓이나 그 밖의 부정한 방법으로 급여를 지급받은 경우에 해당한다고 보기 위해서는 허위, 기만, 은폐 등 사회통념상 부정이라고 인정되는 행위가 있어야 한다(대법원 2014. 11. 27. 선고 2014두9266 판결참조, 2017. 8. 23. 선고 2015두51651 판결 참조)."라고 판시한바 있다. 위와 같은 법리에 비춰볼 때, 위 '5. 인정사실'의

'다'항, '라'항, '마'항, '바'항, '아'항, '자'항 및 '차'항과 같이, 비록 청구인이 부사장의 지시나 요청에 의해 육아휴직 기간에 자택에서 중증장애인 인턴지원금 신청에 대해 문의하고 지원금을 신청한 사실이 있다고 하더라도, ① 청구인은 출산휴가 직후 부사장에게 출산휴가 중임을 알리며 출산휴가 기간에 알아서 일을 해달라는 문자메시지를 발송하였으나, 이후에도 부사장은 계속하여 청구인에게 문자메시지 등으로 업무에 관한 문의 등을 했던 점, ② 청구인 입장에서는 부사장의 업무문의 및 협조요청을 지속적으로 거부하는 것이 사실상 곤란하였을 것으로 보이는 점, ③ 청구인이 육아휴직 기간에 부사장의 지시로 업무를 수행했다고 볼 수 있는 중증장애인 인턴지원금 신청 업무는 매일 지속된 것이 아니라 월 1회 간헐적으로 이뤄졌고, 소요시간도 극히 짧았던 것으로 보이는 점, ④ 청구인 동의하에 중증장애인 인턴지원금 신청이 이뤄졌으나 청구인은 그에 대한 대가를 요구하였다.

2) 교회의 목사로 취임한 것은 실업인정 시 신고해야 할 취업에 해당한다고 본 사례

결정서

○ 사건번호 및 사건명 : 2021-686 실업급여 지급제한, 반환명령 결정 처분 취소 청구

○ 청구인 : 주○○

서울특별시 강서구 허준로 ***, 가△△아파트 *단지 ***동 ***호

○ 피청구인(원처분청): 서울지방고용노동청 서울남부지청장

○ 주문: 청구인의 청구를 기각한다.

○ 청구취지: 청구인 주○○(이하 '청구인'이라 한다)은 서울지방고용노동청서울남부지청장(이하 '피청구인'이라 한다)이 2021. 3. 25. 청구인에게 행한 실업급여 지급제한, 반환명령 결정 처분은 부당하므로 처분을 취소하는 심사결정을 구한다.

이유

1. 사건 개요

가. 청구인은 2020. 5. 31. 강△△△에서 이직한 후 피청구인에게 2020. 6. 12. 실업급여 수급자격 인정신청을 하여 소정급여일수 270일, 구직급여일액 60,120원을 인정받은 후 2020. 6. 19.~2021. 1. 8. 총 8차에 걸쳐 204일에 대한 구직급여

12,264,480원을 수급하였다.

나. 피청구인은 청구인이 2020. 12. 18.부터 자영업을 영위한 사실을 신고하지 않고 구직급여를 수급하였다고 2021. 3. 25. 실업급여 반환명령(1,683,360원) 처분을 통지하였다.

다. 이에 청구인은 2021. 3. 25. 원처분을 알고 위 처분이 부당하다며 2021. 6. 21. 동 처분의 취소를 구하는 심사청구를 제기하였다.

2. 청구인 주장(추가의견 포함)

가. 청구인은 미자립교회를 운영하는 자비량 목사로 근무시간은 1주일에 3시간씩 1개월에 12시간 근무하며 교회로부터 사례비를 받지 않고 오히려 청구인이 번 돈으로 월세 등을 지불하였고,

나. 청구인은 실업급여를 받으면서 수익사업을 하지 않는 비영리법인의 고유번호증을 발급받았기에 이 사실을 신고하지 않고 실업급여를 받았으며,

다. 공인노무사에게 자문을 받은 결과, 고용보험법에 근거하여 '사업자등록을 한 경우라 함'은 "영리를 목적으로 하는 사업"에 한정된다고 보는 것이 타당하므로 청구인은 영리를 목적으로 사업을 하지 않는다고 보는 것이 맞기에 청구인에 대한 지급제한 및 반환명령을 취소하여야 한다.

3. 피청구인 주장

가. 고용보험법 제47조제1항은 실업인정 대상기간 중에 고용노동부령으로 정하는 기준에 해당하는 취업을 한 경우에는 그 사실을

신고하여야 한다고 규정하고 있으며, 취업의 세부적인 인정기준을 같은 법 시행규칙 제92조제6호에는 "법인세법에 따라 사업자 등록을 한 경우(사업자등록을 한 경우라도 휴업신고를 하는 등 실제 사업을 하지 아니하였음을 증명한 경우와 부동산임대업 중 근로자를 고용하지 아니하고 임대사무실도 두지 아니한 경우는 제외한다)"와 제7호에 "그 밖에 사회통념상 취업을 하였다고 인정되는 경우"로 규정하고 있다.

나. 청구인은 실업급여 수급기간 중 2020. 12. 18. "은△△△△교회"의 대표자로 목회 활동을 개시하여 현재까지 담임목사로서 교회를 운영하고 있으며, 청구인이 제출한 고유번호증은 법인세법이 정하고 있는 국세기본법 제13조제4항에 따른 법인으로 보는 단체로서 비영리내국법인에 해당한다.

- 따라서, 청구인은 수급기간 중 "법인세법에 따른 사업자등록을 한 경우"에 해당하여 관련 규정에 따라 취업을 신고하였어야 하나, 고용보험법 제40조제1항제2호에 "취업(영리를 목적으로 사업을 영위하는 경우를 포함한다)"을 자의적으로 해석하여 "비영리법인"의 경우에는 취업의 신고 대상이 되지 않는다고 오인한 것으로 보이며,

- 피청구인은 고용노동부(고용지원실업급여과)에 문의하여, "고유번호증도 사업자등록증과 동일하므로 사업자등록 후 구직활동하는 것은 의미가 없다고 보므로 규정에 맞게 처리함이 맞다."고 확인한 바 있다.

- 사업자등록증과 고유번호증 발급은 영리목적사업의 수행 여부와 이로 인한 업무 수행의 일부 차이만 있을 뿐, 관련 세법에 따라 관할 세무서에서 발급하는 고유번호도 사업자등록번호에 준한다고 볼 수 있는 동

시에 영리목적이 없는 사회사업이나 종교단체의 계속적 활동 등 사회
통념상 업(業)으로 행하여진다고 인정하는 것은 모두 사업에 포함된다
고 대법원에서 판결(선고 78다591, 같은 취지 91누8098)한 사실이 있
다는 심사청구에 대한 결정서(2019-1027 실업급여 지급제한, 반환명령
처분 취소 청구에 따른 결정서) 등을 참고한 피청구인의 청구인에 대한
실업급여 부정수급 처분은 적법한 것이다.

다. 청구인은 "미자립교회를 운영하는 자비량 목사로 근무시간은 1
주일에 3시간 1개월에 12시간 근무하며 교회로부터 사례비를 받
지 않고 오히려 청구인이 번 돈으로 월세 등을 지불하였다."고 주
장하나,

- 미자립교회라는 것은 교회 개척 시에 아직 재정수입이 많지 않아 재정
적으로 자립하지 못한 교회를 말하는 것이고, 따라서 이후 교인수가 증
가하고 재정수입이 확대되면 담임목사에 대한 사례비 등의 지급이 기
대된다 할 수 있고, 담임목사는 교회 운영의 최종 책임자로서 근무시
간, 근무내용, 근무방법 등을 스스로 결정하는 위치에 있는 자로서 사
업주에 해당한다고 할 수 있어 1개월에 12시간 근무한다는 청구인의
주장은 타당하지 않다.

- 고용보험법 제40조제1항제2호, 같은 법 제92조제2호·제6호·제7호, 실
업인정 및 재취업지원규정 제2조제1항제6호에 의하면, 청구인이 목회
를 3개월 이상 현재까지 사업시설을 두고 운영하고 있으며 15시간 미
만인 1개월에 12시간 근무한다고 주장하나, 이는 예배시간만 환산한
것으로서 목회자는 상시적으로 목회 활동에 전념하는 것이 일반적이
라는 점, 목회를 한다는 것은 사회통념상 취업하였다고 인정되고 하나

의 직업으로 신분을 유지하며 현재까지 운영하고 있다는 점, 수입이 없다고 주장하나 취업에 있어 현실적인 수입 유무는 불문하고 상시 근로를 제공하거나 자영업을 영위하는 경우에는 취업으로 인정한다는 점 등을 종합하여 보면,

- 청구인의 구직활동은 현재의 사업장 운영과 별개로 다른 취업을 위해 구직활동한다는 것일 뿐, 현재 담임목사로서의 목회활동은 취업 신고의 대상이 되는 취(창)업에 해당한다고 봄이 타당하다.

라. 이상 살펴본 바와 같이, 이 심사청구는 적법·타당하게 이루어진 처분에 대하여 취소를 구하는 것이므로 청구인의 청구를 '기각'하는 결정을 구한다.

4. 쟁점

이 사건의 쟁점은 청구인의 행위가 실업급여 부정수급에 해당한다고 피청구인이 청구인에게 행한 실업급여 지급제한, 반환명령 처분이 적법·타당한지 여부이다.

5. 심사자료

가. 심사청구서, 추가의견서

나. 원처분청 의견서

다. 고용보험시스템 이력조회

라. 고용보험시스템 수급자격인정신청서

마. 고용보험시스템 개인별급여내역조회

바. 고용보험시스템 실업인정신청서조회

사. 4대사회보험 정보연계시스템 사업자등록증조회

아. 고유번호증

자. 통화매니저(문자)

차. 실업급여 부정수급 처분 사전통지

카. 청구인의 의견제출서

타. 실업급여 부정수급 사전통지에 대해 제출한 '의견제출서' 검토 보고

파. 실업급여 부정수급 반환 결정

하. 실업급여 반환명령 결정 통지서

6. 사실인정 및 판단

가. 관계 법령

　　1) 고용보험법 제47조, 제62조

　　2) 같은 법 시행령 제69조

　　3) 같은 법 시행규칙 제92조, 제104조

나. 관련 사실에 대한 인정

　　1) 위 '1. 사건 개요'의 '가' 내지 '다'와 동일하다.

　　2) 청구인은 2020. 12. 18. "은△△△△교회"라는 상호로 고유번호증을
　　　발급받았음이 확인된다. (고유번호증)

　　3) 청구인은 2021. 1. 8. 8차 실업인정일에 피청구인에게 실업인정 신
　　　청(실업인정 대상기간 : 2020. 12. 12.~2021. 1. 8.) 시 고유번호증을
　　　신고하지 아니하고 구직급여 1,683,360원을 지급 받았음이 확인된
　　　다. (이유서, 의견서)

　　4) 청구인은 2021. 2. 5., 2021. 3. 15. 피청구인에게 실업인정을 신청하

였으나 부지급 처분되었음이 확인된다. (개인별 급여내역 조회)

5) 피청구인은 2021. 3. 25. 청구인의 부정수급에 대해 다음과 같이 처분
하였음이 확인된다.

〈부정수급 처분내용〉

부정수급액	실업인정 대상기간	반환금액
1,683,360원	2020. 12. 12.~2021. 1. 8.	1,683,360원

다. 판단

1) 먼저 이 사건과 관련되는 법령 규정의 내용을 살펴본다.

고용보험법 제47조제1항에 "수급자격자는 실업의 인정을 받으려 하
는 기간 중에 고용노동부령으로 정하는 기준에 해당하는 취업을 한
경우에는 그 사실을 직업안정기관의 장에게 신고하여야 한다."라고
정하고 있고, 같은 법 시행령 제69조제1항에 "수급자격자는 법 제47
조제1항에 따라 취업한 사실이 있을 경우에는 취업한 날 이후 최초의
실업인정일에 제출하는 실업인정신청서에 그 사실을 적어야 한다."
라고 정하고 있고, 같은 법 시행규칙 제92조에 "법 제47조에 따라 수
급자격자가 다음 각 호의 어느 하나에 해당하는 경우에는 취업한 것
으로 본다. 1. 1개월간의 소정근로시간을 60시간 이상(1주간의 소정
근로시간을 15시간 이상으로 정하는 경우를 포함한다)으로 정하고
근로를 제공하는 경우, 2. 3개월 이상 계속하여 근로를 제공하는 경
우, 3. 법 제2조제6호에 따른 일용근로자로서 근로를 제공하는 경우,
4. 근로 제공의 대가로 임금 등 어떠한 명칭으로든지 법 제46조에 따

른 구직급여일액 이상을 수령하는 경우, 5. 상업·농업 등 가업에 종사 (무급 가사종사자를 포함한다)하거나 다른 사람의 사업에 참여하여 근로를 제공함으로써 다른 사업에 상시 취직하기가 곤란하다고 인정 되는 경우, 6. 세법에 따라 사업자등록을 한 경우(사업자등록을 한 경 우라도 휴업신고를 하는 등 실제 사업을 하지 아니하였음을 증명한 경우와 부동산임대업 중 근로자를 고용하지 아니하고 임대사무실도 두지 아니한 경우는 제외한다), 7. 그 밖에 사회통념상 취업을 하였다 고 인정되는 경우"라고 규정하고 있고, 같은 법 제62조제1항에 "직업 안정기관의 장은 거짓이나 그 밖의 부정한 방법으로 구직급여를 지급 받은 사람에게 고용노동부령으로 정하는 바에 따라 지급받은 구직급 여의 전부 또는 일부의 반환을 명할 수 있다"라고 규정하고 있고, 같 은 법 시행규칙 제104조에 "직업안정기관의 장은 법 제62조제1항에 따라 거짓이나 그 밖의 부정한 방법으로 구직급여를 지급받은 자에게 다음 각 호의 기준에 따라 반환을 명하여야 한다. 1. 지급받은 구직급 여 전부의 반환을 명할 것. 2. 제1호에도 불구하고 영 제80조 각호의 어느 하나의 사유에 해당하는 자(1회의 부정행위로 한정한다)의 경우 에는 그 사유로 인정받은 실업기간에 대하여 지급받은 구직급여만 반 환을 명할 것 다만, 법 제2조제6호에 따른 일용근로자로서 근로를 제 공하여 영 제80조제1호의 사유에 해당하는 자가 실업을 인정받으려 는 기간 중에 근로를 제공한 사실을 신고하였으나 신고한 근로제공 일수와 그 기간 중에 실제로 인정받은 근로일수의 차이가 3일 이내인 경우에는 부정행위의 횟수에 관계없이 그 사유로 인정받은 실업기간 에 대하여 지급받은 구직급여만 반환을 명하여야 한다. 3. 제2호 본문과 단서에도 불구하고 영 제80조제1호의 사유에 해당하는 자가 법 제47조제2항에 따라 직업안정기관의 장이 본인이나 사업장에 대한 조사를 하기 전까지 그 부정행위를 자진 신고하는 경우에는 그 실업인정 대상기간 중 근로를 제공한 날에 대하여 실업인정을 받아 지급받은 구직급여만 반환을 명할 것(1회의 자진신고로 한정한다)"이라고 규정하고 있다.

고용노동부 행정해석(2017. 8. 25. 고용지원실업급여과)에 '비영리기관 대표자의 조기재취업 수당 요건 중 취업(자영업) 여부에 대한 판단에 있어 영리·비영리인지에 따라 구분하지 아니하고, 대표자로서 자기 책임하에 사업을 수행하는 경우에 따라 판단하고, 고용보험법상 "영리목적"을 소득세법상 사업소득 발생 여부와 연계하여 해석할 필요는 없다.'고 명시되어 있다.

2) 피청구인의 처분이 적법·타당하였는지 판단한다.

청구인은 심사청구 취지에서 "실업급여 지급제한, 반환명령 결정을 취소한다"라고 청구하였으나, 피청구인이 부정수급으로 처분한 내용은 "실업급여 반환명령 결정"이므로 동 처분에 대해서 판단하기로 한다.

관련 법령, 인정사실, 관련 자료 및 주장에 따라 청구인의 행위가 부정수급에 해당하는지 살펴보면, ① 실업의 인정을 받으려 하는 기간 중에 고용노동부령으로 정하는 기준에 해당하는 취업을 한 경우에는 그 사실을 직업안정기관에 신고하도록 법령에 명시되어 있는 점, ② 청구인은 "6. 사실인정의 나. '2)'"와 같이 2020. 12. 18. "은△△△△교회"의 대표자로 고유번호증을 발급 받은 사실이 확인된 점, ③ 청구인은 "6. 사실인정의 나. '3)'"과 같이 8차 실업인정일에 피청구인에게 자영업을 개시하였음을 신고하지 아니한 사실이 확인된 점, ④ 청구인은 수익사업을 하지 않는 비영리법인에 대한 고유번호증을 발급 받았으므로 취업에 해당하지 아니한다고 주장하나, 고용보험법 시행규칙 제92조제5호에 "상업·농업 등 가업에 종사(무급 가사종사자를 포함한다)하거나 다른 사업의 참여하여 근로를 제공함으로써 다른 사업에 상시 취직하기가 곤란하다고 인정한 경우"에 취업으로 인정한다고 규정되어 있어 소득이 없거나 비영리사업인 경우에도 취업으로 볼 수 있는 점, ⑤ 위 고용노동부 행정해석에 의하면, 고용보험법상 "영리목적"을 소득세법상 사업소득 발생 여부와 연계하지 않고 대표자로서 자기 책임 하에 사업을 수행하는 경우 취업(자영업)으로 판단하고, '비영리법인의 대표자인 경우에 취업(자영업)으로 인정하고, 조기재취업 수당 요건에 해당한다.'고 해석한 점, ⑥ 청구인은 교인 수가 적어 소득이 없고, 근무시간은 1주일에 3시간 1개월에 12시간 근무한다고 주장하나, 대표자로서 자기 책임하에 사업을 수행하는 경우로 보지 않을 근거가 없는 점, ⑦ 목사는 사회통념상 직업으로 보는 것이 일반적인 점 등을 종합하여 볼 때, 청구인에 대해 2020. 12. 18. 취업(자영업)하였다고 인정하고 해당 실업인정 기간에 취업사실을 신고하지 아니하여 부정수급에 해당한다고 판단한 것은 적법·타당하고, "6. 사실인정 및 판단 나. 5)"와 같이 청구인에게 실업급여액을 반환 처분한 피청구인의 처분이 잘못되었다고 볼 수 없다. 따라서, 피청구인이 청구인에게 행한 실업급여 반환명령 처분은 적법·타당하다고 판단된다.

7. 결론

그렇다면 청구인의 이 사건 청구는 이유가 없다고 할 것이므로 청구인의 청구를 기각하기로 하여 고용보험법 제96조의 규정에 따라 주문과 같이 결정한다.

2022년 5월 31일

고용보험심사관

재결서

○ 사건번호 및 사건명 : 2021재결 제203호 실업급여 지급제한, 반환명령 결정처분 취소 청구

○ 청구인 : 주○○

서울특별시 강서구 허준로 ***, 가△△아파트 *단지 ***동 ***호

○ 피청구인(원처분청) : 서울지방고용노동청 서울남부지청장

○ 주문 : 청구인의 청구를 기각한다.

○ 청구취지 : 피청구인이 2021. 3. 25. 청구인에게 행한 실업급여 반환명령 처분을 취소한다.

1. 사건 개요

가. 청구인 주○○(이하 "청구인"이라 한다)은 강△△△에서 별정직공무원으로 근무하다가 2020. 6. 1. 퇴사한 후 서울지방고용노동청 서울남부지청장(이하 "피청구인"이라 한다)에게 고용보

험 수급자격 인정신청을 하여 소정급여일수 270일, 구직급여일액 60,120원의 수급자격을 인정받고, 2020. 6. 19.부터 2021. 1. 8.까지 204일분의 구직급여 11,832,400원을 지급받았다.

나. 이와 관련하여 피청구인은 고용보험전산망을 통하여 청구인이 2020. 12. 18.부터 '은△△△△교회'를 운영(목사) 중인 사실을 확인하고, 제8차 실업인정일인 2021. 1. 8.에 이를 신고하지 않고 해당 구직급여를 지급받았음을 이유로 고용보험법 제61조 및 제62조의 규정에 따라 2021. 3. 25. 이 사건 처분인 실업급여 반환명령 처분(부정으로 지급받은 금액 1,683,360원)을 하였다.

다. 이에 청구인은 이 사건 처분이 부당하다면서 고용보험심사관에게 이 사건 처분의 취소를 구하는 심사청구를 제기하였으나 2021. 8. 4. 기각결정이 되었음을 알고, 2021. 9. 13. 고용보험심사위원회에 재심사청구를 제기하였다.

2. 청구인 주장

〈심사청구 시〉

가. 청구인은 미자립교회를 운영하는 자비량 목사로 근무시간은 1주일에 3시간씩 1개월에 12시간 근무하며 교회로부터 사례비를 받지 않고 오히려 청구인이 번 돈으로 월세 등을 지불하였고,

나. 청구인은 실업급여를 받으면서 수익사업을 하지 않는 비영리법인의 고유번호증을 발급받았기에 이 사실을 신고하지 않고 실업급여를 받았으며,

다. 공인노무사에게 자문을 받은 결과, 고용보험법에 근거하여 '사업

자등록을 한 경우라 함'은 "영리를 목적으로 하는 사업"에 한정된다고 보는 것이 타당하므로 청구인은 영리를 목적으로 사업을 하지 않는다고 보는 것이 맞기에 청구인에 대한 지급제한 및 반환명령을 취소하여야 한다.

〈재심사청구 시〉

가. 심사관의 결정은 부적절하다.

    1) 청구인은 '사업자등록증'과는 구분이 되는 '비영리법인'을 2020. 12. 31. 인가받았고, 동 '비영리법인'의 개시일은 2020. 12. 31.이다. 동 '비영리법인' 개시일에도 불구하고 고용보험심사관은 청구인에 대하여 '2020. 12. 12.부터 2021. 1. 8.까지 총 28일을 부정수급하였다고 기재하였고, 청구인이 고용보험법 제47조를 위반하였다고 하나, 법률전문가로부터 신고대상이 아니라는 답변을 받았다.

    2) 고용보험법 시행규칙 제92조의 취업의 인정기준이 있고, 청구인이 동 규정을 위반하였으면 '고용보험법 제92조제몇호'를 위반하였다고 표기하여야 함에도 피청구인은 고용보험법 제92조를 위반하였다고 적시하였다. 이는 청구인이 고용보험법 시행규칙 제92조제1호부터 제7호를 모두 위반하였다는 의미이므로 이는 잘못된 것이다.

나. 법률전문가인 노무사로부터 자문을 받은 결과 고용보험법 시행규칙 제92조제6호에 의한 '사업자등록을 한 경우'에 해당되려면 영리를 목적으로 한 사업의 경우에 한정한다고 봄이 타당하다는 의견이었고, 동 의견서를 피청구인에게 제출하였으나 받아들여지지 않았다. 또한 다른 공인노무사는 "실업인정 규정상 취업은

'근로계약·도급·위임 등에 의해 상시근로를 제공하거나 자영업을 영위하는 경우'를 말한다고 되어 있는바, 비영리법인을 영위하고 있더라도 근로를 제공한다고 볼 수 없고 근로 제공과 관련된 수입을 받고 있는 상황도 아닌 경우라면 실업급여 수급자격을 인정받을 수 있다. 귀하의 경우 근로를 제공하거나 근로에 따른 임금을 받고 있는 상황이 아니므로 비영리법인을 영위한다는 이유로 실업급여 수급자격을 불인정하는 것은 부당한 처분이라 할 수 있습니다."라고 답변을 해준 바 있다.

다. 피청구인의 담당자는 청구인에게 두 개의 결정문을 송부하였는데, 2021. 3. 6. 자 결정문에는 청구인이 고용보험법 제47조, 고용보험법 시행규칙 제92조, 고용보험법 제61조를 위반하였다고 하여 동 내용에 대해 충실히 소명하였으나, 2021. 3. 25. 결정문에는 고용보험법 제61조와 제62조 및 제69조의9, 같은 법 시행령 제81조 및 제93조의2, 같은 법 시행규칙 제106조 및 제115조의5를 적시하였다. 2021. 3. 6. 자 결정문에 근거하여 노무사의 도움을 받아 의견서를 제출하였는데, 피청구인은 또 다른 법조문을 적시하며 청구인을 압박하였다.

라. 청구인은 고용보험법 시행규칙 제92조를 위반하지 않았다. 동 조항의 제1호부터 제7호까지를 살펴보면 청구인에게 해당되는 것은 전혀 없다. 청구인은 한 달에 약 15시간 가량 예배를 드리고(제1호), 2020. 12. 31.에 비영리법인을 취득하였으며(제2호), 일용근로자도 아니고(제3호), 구직급여 일액 이상을 수령한 사실이 없다(제4호). 또한 청구인이 시무하였던 은△△△△교회는 약

27년 전에 故 임○○ 목사(2020. 11. 28. 사망)께서 설립하였고, 청구인은 8년 전부터 듬성듬성 출석하였다가 2020. 12. 18. 임○○ 목사를 이어 목사로 임명되었고, 2021. 1. 15. 월세 60만 원을 감당하기 어려워 인천 서구 가좌동에 교회를 새로이 설립하여 떠나게 되었다. 본인은 은△△△△교회로부터 사례비나 월급을 받은 사실이 없다(제5호). 또한 고용보험법 제40조제1항제2호에서는 취업 및 창업과 관련하여 사업을 영위하는 경우 '영리를 목적으로 사업을 영위하는 경우'로 한정하고 있으므로 청구인은 이에 해당하지 않는다(제6호).

3. 피청구인 주장

가. 청구인은 피청구인의 처분 관련 통지에 기재된 내용 및 근거 법령을 원인으로 행정처분의 위법함을 주장하고 있다.

1) 청구인은 "은△△△△교회"의 고유번호증 등록일이 2020. 12. 31.이기 때문에 부정행위 기간을 2020. 12. 18.~2021. 1. 8.로 정한 처분의 내용 자체에 위법이 있다고 주장하나, 청구인이 스스로 해당 비영리 법인의 개업일자를 2020. 12. 18.로 신청하였고 이를 근거로 고유번호증이 발급되었기 때문에, 해당 일자는 청구인이 대표자의 지위로 교회를 운영하기 위한 사실상의 취(창)업 활동 개시일로 볼 수 있어 해당 일자를 부정수급기간의 시작일로 적용한 처분의 내용은 적법·타당하다.

2) 또한, 처분 근거 법령에 제호를 기재하지 않아 해당 처분은 청구인이 해당 법령의 전체 조항을 위반했다는 의미라고 주장함과 동시에, 행

정처분 사전통지서에는 근거법령에는 법률만 기재하고 처분확정 통지서에만 하위법령의 상세 조항까지 기재하여 행정절차마다 다른 근거법령 적용으로 인한 해당 처분의 법적 근거 하자를 주장하나,

가) 법령의 제호는 제조의 여러 가지 내용을 규정할 필요가 있어 그 세부항목을 구분한 조항일 뿐이고, 처분의 법적 근거는 우선 해당 법 조항에 있다 할 것이므로, 처분 근거 법령에 제호를 기재하지 않았다고 해서 해당 처분이 청구인이 모든 제호항목을 위반했다는 의미라는 주장은 받아들이기 힘들고,

나) 또한 시행령 및 시행규칙은 근거가 되는 상위법의 시행에 관한 전반적인 사항을 정한 법령일 뿐, 그 근거는 모법인 고용보험법에 있기 때문에, 처분확정통지서에 동법 시행령과 시행규칙 조항을 보다 상세히 기재했다고 하여 이는 두 행정절차에 내용이 다른 법령을 적용한 것이라 볼 수 없으므로 처분의 근거 법령에 하자가 있기 때문에 해당 처분은 위법이라고 주장하는 청구인의 주장은 이유 없다 할 것이다.

나. 고용보험법 제47조제1항은 "실업인정 대상기간 중에 고용노동부령으로 정하는 기준에 해당하는 취업을 한 경우에는 그 사실을 신고하여야 한다."고 규정하고 있으며, 동법 시행규칙 제92조제6호는 "법인세법에 따라 사업자등록을 한 경우(사업자등록을 한 경우라도 휴업신고를 하는 등 실제 사업을 하지 아니하였음을 증명한 경우와 부동산임대업 중 근로자를 고용하지 아니하고 임대 사무실도 두지 아니한 경우는 제외한다)"와 제7호에 "그 밖에 사회통념상 취업을 하였다고 인정되는 경우"로 규정하고 있다.

1) 청구인은 실업급여 수급기간 중 2020. 12. 18.에 "은△△△△교회"의 대표자로 목회 활동을 개시하여 2021. 3. 31.까지 담임목사로서 교회를 운영했으며, 청구인이 제출한 고유번호증은 법인세법이 정하고 있는 국세기본법 제13조제4항에 따른 법인으로 보는 단체로서 비영리 내국법인에 해당한다.

- 따라서, 청구인은 수급기간 중 "법인세법에 따른 사업자등록을 한 경우"에 해당하여 고용보험법 제47조제1항에 따라 취업을 신고했어야 하나, 고용보험법 제40조제1항제2호 "취업(영리를 목적으로 사업을 영위하는 경우를 포함한다)"을 자의적으로 해석하여 "비영리법인"의 경우에는 취업의 신고 대상이 되지 않는다고 오인한 것으로 판단되어, 피청구인은 고용노동부(고용지원실업급여과)에 질의하여, "고유번호증도 사업자등록증과 동일하므로 사업자등록 후 구직활동을 하는 것은 의미가 없다고 보아 규정에 따라 처리함이 맞다."는 답변을 받은 바 있다.

2) 고용보험법 시행규칙 제92조제5호는 "상업·농업 등 가업에 종사(무급 가사종사자를 포함한다)하거나 다른 사업에 참여하여 근로를 제공함으로써 다른 사업에 상시 취직하기가 곤란하다고 인정한 경우"에 취업으로 인정한다고 규정하고 있어 소득이 없거나 비영리 사업인 경우에도 취업으로 볼 수 있다 하겠고,

가) 위 고용노동부 행정해석에 의하면, 고용보험법상 "영리목적"을 소득세법상 사업소득 발생 여부와 연계하지 않고 대표자로서 자기 책임하에 사업을 수행하는 경우 취업(자영업)으로 판단하고, '비영리법인의 대표자인 경우에 취업(자영업)으로 인정하고, 조기재취업 수당 요건에 해당한다.'고 해석한 점을 볼 때, 청구인에

대해 2020. 12. 18. 취업(자영업)하였다고 판단한 것은 적법·타당한 것이다.

나) 또한, 실업인정 및 재취업지원규정 제2조제1항제6호는 "'취업'이란 현실적인 수입 유무를 불문하고 근로계약·도급·위임 등에 의해 상시 근로를 제공하거나 자영업을 영위하는 경우를 말한다."고 규정하고 있어 취업에 영리목적을 요건으로 규정하고 있지 않다.

다) 이에, 사업자등록증과 고유번호증 발급은 영리목적사업의 수행 여부와 이로 인한 업무 수행의 일부 차이만 있을 뿐으로서 관련 세법에 따라 관할 세무서에서 발급하는 고유번호도 사업자등록 번호에 준한다고 볼 수 있는 동시에 영리목적이 없는 사회사업이나 종교단체의 계속적 활동 등 사회통념상 업(業)으로 행하여진다고 인정하는 것은 모두 사업에 포함된다고 대법원에서 판결(선고 78다591, 같은 취지 91누8098)한 사실이 있다는 심사청구에 대한 결정서(2019-1027 실업급여 지급제한, 반환명령 처분 취소 청구에 따른 2019년 결정 제1027호 고용보험심사관 결정서)가 있는 바 이를 참고한 피청구인의 청구인에 대한 실업급여 부정수급 처분은 적법한 것이다.

3) 청구인은 "은△△△△교회는 미자립교회로서 청구인 본인은 단지 1주일에 3시간, 1개월에 12시간 정도만 근무하며 교회로부터 사례비도 받지 않고 오히려 청구인이 번 돈으로 월세 등을 지불하였다."면서, 이는 취(창)업 활동에 해당되지 않는다고 주장하고 있으나,

가) 담임목사는 교회 운영의 최종 책임자로서 근무의 시간, 내용, 방법 등을 스스로 결정하는 지위에 있는 자로서 실질적인 사업주에 해

당한다고 할 수 있어 단지 1개월에 12시간 정도 근무하며 해당 법인의 운영활동을 하지 않았다는 청구인의 주장은 타당하지 않고,

나) 미자립교회라는 것은 교회 개척 시에 아직 재정수입이 많지 않아 재정적으로 자립하지 못한 교회를 말하는 것이고, 청구인의 운영활동이나 기타 제반사항에 의하여 교인수가 증가하고 재정수입이 확대되면 담임목사인 청구인에 대한 사례비 등의 지급이 기대된다 할 수 있으며, 이후 교인 수의 증가로 인해 목회에 전념함으로써 전혀 구직활동을 할 수 없는 상황에 처했을 때에만 실질적인 취업으로 인정하기엔 그 시기를 정함에 어려움이 있어, 해당 법인의 대표자로서 개업을 시작한 일자를 청구인의 실질적인 취(창)업 인정일자로 봄이 타당할 것이다.

4) 이를 종합한 바 고용보험법 제40조제1항제2호, 동법 시행규칙 제92조제2호, 제6호, 제7호 또한 실업인정 및 재취업지원규정 제2조제1항제6호에 따르면, 청구인은 3개월 이상 비영리법인의 대표자이자 담임목사로서 사실상의 사업주의 지위에서 비영리법인 사업시설을 운영했으며, 목회자는 상시적으로 목회 활동에 전념하는 것이 일반적이기에 단지 1개월에 12시간 근무했다는 주장은 받아들이기 어려운 점, 목회자로서 목회를 한다는 것은 사회통념상 하나의 직업으로서 신분을 유지하며 직업 활동을 하는 것이라고 인정되고 있다는 점, 취업이라 함은 현실적인 수입 유무는 불문하고 상시 근로를 제공하거나 자영업을 영위하는 경우에 인정되기에 청구인의 수입이 없다는 주장은 실업의 근거로 받아들일 수 없는 점 등을 종합하여 보면, 청구인의 담임목사로서의 목회활동은 취업 신고의 대상이 되는 취(창)업에 해당

한다고 봄이 타당하다.

이상 살펴본 바와 같이, 이 재심사청구는 적법·타당하게 이루어진 처분에 대하여 취소를 구하는 것이므로 청구인의 청구를 '기각'하는 결정을 구한다.

4. 인정사실

청구인과 피청구인이 제출한 재심사청구서, 원처분청 의견서 및 기타 입증자료 등의 기재내용을 종합하면 다음과 같은 사실을 인정할 수 있다.

가. 위 '1. 사건 개요'의 '가'부터 '다'까지의 기재 내용과 같다.

나. 청구인은 2021. 11. 3. 우리 위원회에서 개최된 심리회의에 출석하여 2020. 12. 12. 강서세무서 방문하여 은△△△△교회의 고유번호증 발급과 관련하여 상담을 받은 후, 2020. 12. 18. 정관을 첨부하여 강서세무서에 은△△△△교회의 고유번호증 발급 신청을 하였으며, 2020. 12. 29. 세무서 담당자의 요구에 따라 목사증명서, 교단증명서, 부동산 계약서 등을 제출하였고, 그 결과 2020. 12. 31. 자로 고유번호증을 발급받았다는 취지로 진술하였다.

다. 청구인은 2021. 11. 3. 우리 위원회에서 개최된 심리회의에 출석하여 은△△△△교회는 청구인이 고유번호증을 신청할 당시 27년간 운영되었음에도 고유번호증을 발급받지 않은 상태로 운영되었다는 취지로 진술하였다.

라. 청구인이 2020. 12. 31. 자로 발급받은 고유번호증과 관련하여 단체명은 "은△△△△교회", 대표자 성명은 "주○○", 소재지는 "서울 강서구 양천로 **-*, *층 좌측", 발급일자는 "2020. 12. 31.", 개업일자는 "2020. 12. 18."로 확인된다.

마. 피청구인의 담당자가 2021. 3. 15. 수급 중에 비영리사업의 대표자가 된 이유와 교회운영상황(예배운영, 신도수 등)에 대하여 문자로 문의한 것과 관련하여 청구인은 피청구인의 담당자에게 "비영리사업의 대표가 된 이유 : 본 교회는 대략 27년 전에 설립되었으나, 관할 세무서에 신고되지 아니하고 운영하였습니다. 전임목사, 임○○의 사망으로 인하여 본인이 담임직분을 승계하였습니다. 교회는 국가와 사회에 봉사하는 단체이기에 관할 세무서에 비영리법인 신고를 하였습니다. 현재 교회의 운영상태 : 본 교회는 설립된 지는 27년이나 성도 수가 5명 미만으로 미자립교회입니다."라는 내용의 문자를 송부하였다.

바. 피청구인의 담당자가 2021. 3. 18. 전임목사의 사망일자와 담임직분을 승계한 날짜가 언제인지 문자로 문의한 것과 관련하여 청구인은 2021. 3. 19. 피청구인의 담당자에게 "임○○ 목사의 사망일자 : 11월 28일경으로 기억합니다. 본인이 담임을 승계한 일자는 몇일이라 규정하기가 어렵습니다. 故 임○○ 목사 사망 후 어느 날이라 하겠습니다."라는 내용의 문자를 송부하였다.

사. 청구인은 2021. 11. 3. 우리 위원회에서 개최된 심리회의에 출석하여 은△△△△교회는 2021. 3. 31. 자로 계약만료되어 폐쇄되었고, 청구인은 2021. 1. 15.에 은△△△△교회를 떠났으며,

2021. 8.경 인천 가좌동에 소재한 교회를 매입하였고, 매입에 즈음하여 은△△△△교회에 대하여 청구인 본인이 폐업신고를 하였다는 취지로 진술하였다.

아. 청구인은 2021. 11. 3. 우리 위원회에서 개최된 심리회의에 출석하여 故 임○○ 목사님 사후 은△△△△교회를 맡아달라고 하였으나, 월세 등의 부담으로 사양하였고, 대신 설교는 담당하기로 하여 주 3회 설교를 하였으며, 성도는 5명 미만이었다는 취지로 진술하였고, 본인이 2021. 8.경 인수하였다고 하는 인천 가좌동 소재 교회도 본인의 가족 정도가 함께 예배를 드리고 있는 상황이라는 취지로 진술하였다.

자. 우리 위원회 조사자가 2021. 11. 2. 은△△△△교회가 소속한 총회인 기독교대△△△△△△△의 총무 김○○과 통화한바, 은△△△△교회는 임○○ 목사님이 돌아가시면서 후임자가 세워지지 않아 기존 교회는 존속되지 않았고, 청구인이 이를 인수한 것으로 알고 있으며, 청구인이 인수한 후 금년(2021년) 8월에 가좌동으로 옮겼고, 교회명은 '복△교회'로 변경되었다는 취지로 진술하였다.

차. 청구인은 2021. 2. 5., 2021. 3. 15. 피청구인에게 실업인정을 신청하였으나 각각 부지급 처분되었다.

5. 이 사건 처분의 위법·부당 여부

가. 관계 법령 등의 내용

1) 고용보험법 제47조제1항은 "수급자격자는 실업의 인정을 받으려 하

는 기간(이하 "실업인정 대상기간"이라 한다) 중에 고용노동부령으로 정하는 기준에 해당하는 취업을 한 경우에는 그 사실을 직업안정기관의 장에게 신고하여야 한다."라고, 시행령 제69조제1항은 "수급자격자는 법 제47조제1항에 따라 취업한 사실이 있는 경우에는 취업한 날 이후 최초의 실업인정일에 제출하는 실업인정 신청서에 그 사실을 적어야 한다."라고, 같은 법 시행규칙 제92조에 "법 제47조에 따라 수급자격자가 다음 각 호의 어느 하나에 해당하는 경우에는 취업한 것으로 본다. 1. 1개월간의 소정근로시간을 60시간 이상(1주간의 소정근로시간을 15시간 이상으로 정하는 경우를 포함한다)으로 정하고 근로를 제공하는 경우, 2. 3개월 이상 계속하여 근로를 제공하는 경우, 3. 법 제2조제6호에 따른 일용근로자로서 근로를 제공하는 경우, 4. 근로 제공의 대가로 임금 등 어떠한 명칭으로든지 법 제46조에 따른 구직급여일액 이상을 수령하는 경우, 5. 상업·농업 등 가업에 종사(무급 가사종사자를 포함한다)하거나 다른 사람의 사업에 참여하여 근로를 제공함으로써 다른 사업에 상시 취직하기가 곤란하다고 인정되는 경우, 6. 세법에 따라 사업자등록을 한 경우(사업자등록을 한 경우라도 휴업신고를 하는 등 실제 사업을 하지 아니하였음을 증명한 경우와 부동산임대업 중 근로자를 고용하지 아니하고 임대사무실도 두지 아니한 경우는 제외한다), 7. 그 밖에 사회통념상 취업을 하였다고 인정되는 경우"라고 각각 규정하고 있고, 법 제61조제1항은 "거짓이나 그 밖의 부정한 방법으로 실업급여를 받았거나 받으려 한 자에게는 그 급여를 받은 날 또는 받으려 한 날부터의 구직급여를 지급하지 아니한다."라고, 법 제61조제2항은 "제1항 본문에도 불구하고 거짓이나 그 밖의 부정한 방법이 제47조제1항에 따른 신고의무의 불이행 또는 거짓의 신고 등 대통령령으로 정하는 사유에 해당하면 그 실업인정 대상기간에 한하여 구직급여를 지급하지 아니한다. 다만, 2회 이상의 위반행위를 한 경우에는 제1항 본문에 따른다."라고, 시행령 제80조는 "법 제61조제2항 본문에서 '대통령령으로 정하는 사유'란 수급자격자에 대한 다음 각 호의 어느 하나에 해당하는 사유를 말한다. 1. 실업을 인정받으려는 기간 중에 근로를 제공한 사실을 실업인정을 신청할 때 신고하지 아니하거나 사실과 다르게 신고한 경우, 2. 실업인정을 신청할 때 실업인정 대상기간 중의 재취업 활동 내용을 사실과 다르게 신고한 경우"라고 각각 규정하고 있으며, 법 제62조제1항은 "직업안정기관의 장은 거짓이나 그 밖의 부정한 방법으로 구직급여를 지급받은 자에게 지급받은 전체 구직급여의 전부 또는 일부의 반환을 명할 수 있고, 이에 추가하여 거짓이나 그 밖의 부정한 방법으로 지급받은 구직급여액에 상당하는 액수 이하의 금액을 징수할 수 있다."라고, 같은 법 시행규칙 제104조는 부정행위에 따른 구직급여의 반환명령 기준에 관하여 원칙적으로 지급받은 구직급여 전부를 반환하도록 규정하고 있다.

2) 고용노동부 행정해석(2017. 8. 25. 고용지원실업급여과)에 따르면 "비영리기관 대표자의 조기재취업 수당 요건 중 취업(자영업) 여부에 대한 판단에 있어 영리·비영리인지에 따라 구분하지 아니하고, 대표자로서 자기 책임하에 사업을 수행하는 경우에 따라 판단하고, 고용보험법상 "영리목적"을 소득세법상 사업소득 발생 여부와 연계하여 해석할 필요는 없다."라고 명시되어 있다.

나. 판단

청구인은 사업자등록과 구분되는 비영리법인(은△△△△교회)을 인가받았으므로 실업인정 시 신고의무가 있는 영리를 목적으로 하는 사업자등록을 한 경우에 해당하지 않고, 비영리법인을 인가받기는 하였으나 실제 본인이 전적으로 운영한 것이 아니고 설교만 하였으므로 본인의 명의로 비영리법인을 등록하였다는 이유로 행한 이 사건 처분은 부당하다고 주장하고 있는 반면, 피청구인은 청구인이 2020. 12. 18. 비영리법인을 개업하고, 2020. 12. 31. 자로 고유번호증을 발급받았음에도 불구하고 2021. 1. 8. 실업인정신청을 하면서 이를 신고하지 않았음을 이유로 고용보험법 제61조 및 제62조에 따라 이 사건 처분을 한 것은 적법·타당하다고 주장한다.

이 사건에 관한 당사자의 주장 요지가 위와 같으므로 이 사건의 주요 쟁점은 청구인이 비영리법인을 등록하고 고유번호증을 발급받았음을 이유로 행한 이 사건 처분이 적법·타당한지 여부이다.

이러한 쟁점에 대하여 관계 법령 등의 내용, 양 당사자의 주장과 우리 위원회에 제출된 각종 입증자료의 기재내용 및 이를 토대로 우리 위원회가 심리한 사항 등을 종합하여 볼 때, 이 사건 처분은 고용보험법 제61조 및 제62조에 따른 것으로 적법·타당하다고 판단된다.

그렇다면, 우리 위원회가 이 사건 처분이 적법·타당하다고 판단한 구체적인 이유는 다음과 같다.

1) 고용보험법 제47조제1항은 수급자격자는 실업인정 대상기간 중에 취

업한 경우 그 사실을 직업안정기관의 장에게 신고하여야 한다고 규정하고 있다. 그런데 청구인은 실업인정 대상기간 중인 2020. 12. 18. 강서세무서에 정관을 구비하여 은△△△△교회의 비영리법인 설립 신고를 하였고, 2020. 12. 31. 자로 본인이 대표로 등록된 은△△△△ 교회의 고유번호증을 발급받았음에도 실업인정일인 2021. 1. 8.에 그 사실을 피청구인에게 신고하지 아니한바, 이는 고용보험법 제47조제1항에서 정하고 있는 취업사실 신고의무를 위반하였다고 판단된다.

2) 이와 관련하여 청구인은 수익사업을 하지 않는 비영리법인에 대한 고유번호증을 발급받았는바, 고용보험법령에 따라 '사업자등록을 한 경우'에 해당되기 위해서는 영리를 목적으로 한 사업에 한정하여야 하므로 이를 이유로 행한 이 사건 처분은 부당하다고 주장하고 있으나, 고용보험법 시행규칙 제92조제6호에 의하면 "「소득세법」, 「부가가치세법」 또는 「법인세법」에 따라 사업자등록을 한 경우에는 취업한 것으로 보고 있고, 제92조제7호에 의하면 "그 밖에 사회통념상 취업을 하였다고 인정되는 경우"라고 규정하고 있는바, 소득세법 제168조제5항제2호에 의하면 비영리법인에 대하여 고유번호를 매길 수 있다고 정하고 있고, 비영리법인의 경우에도 수익사업을 하고자 하는 경우에는 비영리법인의 수익사업개시신고서(법인세법 시행규칙 별지 제75호의4)를 제출하고 납세의무를 이행하여야 한다고 정하고 있을 뿐 아니라, 고용노동부 행정해석(2017. 8. 25. 고용지원실업급여과) 또한 비영리기관 대표자의 조기재취업 수당 요건 중 취업(자영업)여부에 대한 판단에 있어 영리·비영리인지 구분하지 아니하고, 대표자로서 자기 책임하에 사업을 수행하는 경우에 따라 판단하고, 고용보험법상

"영리목적"을 소득세법상 사업소득 발생여부와 연계하여 해석할 필요는 없다."고 명시하고 있으므로 청구인의 주장은 받아들이기 어렵다.

3) 한편, 청구인은 본인은 실제 은△△△△교회를 인수하지 않았고, 예배 시 설교만 해주었으므로 은△△△△교회를 본인의 책임하에 운영하지 않았다고 주장하고 있으나, 위 '5. 인정사실'의 '나' 내지 '바'에서 볼 수 있듯이 청구인은 은△△△△교회의 전임목사인 임○○ 목사의 사망 후 은△△△△교회의 담임직분을 승계하였다고 진술한 것이 확인될 뿐 아니라, 27년간 고유번호증이 없이 운영되던 은△△△△교회의 담임목사가 된 이후 2020. 12. 18. 스스로 정관을 작성하여 강서세무서에 비영리법인 설립신고를 하였고, 이와 관련하여 2020. 12. 31. 자로 고유번호증을 발급받은 사실도 확인되고, 폐업신고도 청구인 본인이 한 것이 확인되는 바, 은△△△△교회의 예배 시 설교만 해주기로 하였다는 주장은 청구인의 주장일 뿐 이를 입증할 만한 자료를 제출하지 못하였고, 위와 같이 고유번호증을 새로이 발급받는 등의 행위를 한 것을 보았을 때 담임목사로서 교회의 외형을 갖춘 후 향후 선교활동을 영위하고자 한 것으로 보인다. 이와 관련하여 위 '5. 인정사실'의 '자'에서 볼 수 있듯이 은△△△△교회가 속한 총회인 기독교대한하나님의 성회 총무인 김○○목사는 청구인이 은△△△△교회를 인수하였다는 취지의 진술을 한 바 있다.

4) 또한, 청구인은 은△△△△교회의 비영리법인을 2020. 12. 31. 자로 인가받았으므로 부정수급으로 인정한다고 하더라도 부정수급 시작일은 2020. 12. 31. 이라고 주장하고 있으나, 위 '5. 인정사실'의 '라'에서 볼 수 있듯이 청구인이 발급받은 고유번호증의 발급일은 청구인

의 주장과 같이 2020. 12. 31.이 맞으나, 동 비영리법인 설립신고 시 신고된 개업일은 2020. 12. 18.로 확인되므로 부정수급의 시작일은 2020. 12. 18.로 봄이 타당하다.

5) 따라서, 청구인이 2020. 12. 18. 설립한 비영리법인에 대하여 2020. 12. 31. 자로 고유번호증을 발급받았음에도 실업인정일인 2021. 1. 8.에 그 사실을 피청구인에게 신고하지 아니한 행위는 고용보험법 제47조제1항 및 같은 법 시행규칙 제92조제6호 및 제7호에서 정하고 있는 취업사실 신고의무를 위반한 것으로 봄이 타당하고, 이는 고용보험법 제61조 및 제62조에서 규정하고 있는 '거짓이나 그 밖의 부정한 방법으로 실업급여를 받은 행위'에 해당하는바, 피청구인이 이를 이유로 행한 이 사건 처분은 적법·타당하다.

이관수 노무사 TIP

노동부 수사관은 근로관계 입증을 위하여 다양한 자료제출을 요구하며, 이에 대하여 적극적인 소명 및 대비를 하여야 합니다. 아래는 일반적인 근로관계 입증 관련 자료를 열거하였습니다.

① 근로관계 : 근로계약서, 인사기록카드 등

② 급여내역 : 급여대장, 근로소득원천징수영수증, 급여계좌 이체내역

③ 근로실태 : 출근부, 휴가원, 출장부 등 복무·인사규정 적용자료, 출퇴근 교통카드 이력 등 복무상황에 대한 자료, 업무분장표, 업무일지, 업무보고내역 등 담당 업무관련 자료, 통신사기지국열람자료(최근 1년치) 등

④ 기타 : 타 사회보험 가입내역(보험료 납부내역), 조직도, 근로자명부 등

6. 결론

그렇다면 청구인의 청구가 이유 없다고 판단되므로 주문과 같이 재결한다.

3) 지인의 부탁으로 2일간 대가 없이 도와준 것일 뿐 고용보험법령상 취업을 한 것은 아니라고 본 사례

결정서

○ 사건번호 및 사건명 : 2021-120 실업급여 반환명령 처분 취소 청구
○ 청구인 : 박○○

　대전광역시 유성구 도안대로 ***-**, 하△△△△ *층
○ 피청구인(원처분청) : 대전지방고용노동청장
○ 주문 : 청구인의 청구를 기각한다.
○ 청구취지 : 청구인 박○○(이하 '청구인'이라 한다)은 대전지방고용노동청장(이하 '피청구인'이라 한다)이 2020. 9. 29. 청구인에게 행한 실업급여 반환명령 처분을 취소하는 심사결정을 구한다.

이유

1. 사건 개요

가. 청구인은 하△△△△(이하 '이 사건 사업장'이라 한다)에서 2018. 4. 1.부터 치위생사로 근무하다 2020. 4. 1. 권고사직으로 이직하고 피청구인에게 2020. 4. 20. 실업급여 수급자격 인정을 신청하여 소정급여일수 210일, 구직급여일액 52,605원을 인정받아 2020. 4. 27.부터 2020. 5. 31.까지 35일간 구직급여 1,841,170원을 수급하였다.

나. 피청구인은 청구인에 대해 부정수급 제보가 접수되어 조사 착수 결과, 청구인이 2020. 5. 8.부터 2020. 5. 9.까지 2일간 이 사건 사업장에서 일용근로 하였음에도 2020. 6. 1. 2차 실업인정일에 근로사실을 신고하지 않고 구직급여를 부정으로 수급하였다고 2020. 9. 29. 구직급여 1,420,330원을 반환명령하였다.

다. 이에 청구인은 2020. 11. 12. 원처분을 알고 피청구인의 위 처분이 부당하다고 2021. 2. 5. 처분의 취소를 구하는 심사를 청구하였다.

2. 청구인 주장

청구인은 아르바이트로 수입이 있을 시 고용센터에 신고하여야 된다는 것을 알고 있으나, 최종 이직한 사업장에서 금전적인 보상 없이 근로를 제공하여 실업인정 당시 근로 사실을 신고하지 않은 것이므로 부정수급 처분이 부당하다.

3. 피청구인 주장

가. 청구인의 CCTV 근무장면 등 관련 자료를 검토한 결과, 청구인은 2020. 5. 8.과 5. 9. 총 2일간 하△△△△△△에서 일용근로한 사실이 확인된다.

나. 청구인은 위와 같은 근로 사실을 무보수 자원봉사 근무라고 주장하나 고용보험법 제47조제1항은 "수급자격자는 실업의 인정을 받으려 하는 기간 중에 근로를 제공하거나 창업한 경우에는 그 사실을 직업안정기관의 장에게 신고하여야 한다."고 규정하고

있다.

다. 따라서, 청구인이 2020. 6. 1. 실업인정을 신청하면서 2020. 5. 8.과 5. 9. 총 2일간의 근로사실을 신고하지 아니하고 구직급여를 받은 것은 고용보험법을 위반한 것으로 부정수급에 해당되어 부정수급액 105,210원과 1회 부정으로 인한 반환 금액 1,315,120원에 대해 반환결정 처분한 것으로 정당한 처분이다.

4. 쟁점

이 사건의 쟁점은 임금을 지급받지 않아 근로제공 사실을 신고하지 않고 구직급여를 수급한 행위가 부정수급에 해당하는지와 근로제공 사실을 신고하지 않고 구직급여를 수급한 기간에 지급받은 구직급여를 반환명령한 처분이 적법·타당한지 여부에 있다.

5. 심사자료

가. 심사청구서

나. 원처분청 의견서

다. 청구인 이력조회 화면 출력물, 청구인 구직급여 지급내역 화면 출력물, 취업희망카드 발췌, CCTV 청구인 근무화면 캡쳐 사진 (2020. 5. 8., 5. 9.), 청구인 진술조서(출석일시 : 2020. 7. 19.), 실업급여 반환명령 결정 통지서(대전지방고용노동청, 2020. 9. 29.)

6. 사실인정 및 판단

가. 관계 법령

1) 고용보험법 제2조, 제47조, 제61조, 제62조

2) 같은 법 시행령 제69조, 제80조

3) 같은 법 시행규칙 제92조, 제104조

나. 관련 사실에 대한 인정

1) 위 '1. 사건 개요'의 '가'에서 '다'까지 내용과 동일하다.

2) 청구인은 2020. 4. 27.부터 2020. 5. 31.까지 2차례에 걸쳐 구직급여 1,841,170원을 수급하고, 수급 전 이직 사업장인 하△△△△에 2020. 6. 1. 다시 고용보험 피보험자격을 취득하였다.

⟨청구인 구직급여 수령내역⟩

실업인정일	실업인정 대상기간	구직급여 지급액
계	35일	1,841,170원
2020. 5. 4.(1차)	2020. 4. 27.~2020. 5. 4.	420,840원
2020. 6. 1.(2차)	2020. 5. 5.~2020. 5. 31.	1,420,330원

3) 하△△△△ 사업장 내 설치된 CCTV로 청구인이 근무복을 입고 2020. 5. 8.과 5. 9. 총 2일간 근무하고 있음이 확인된다.

4) 청구인은 2020. 7. 19. 피청구인 사무실에 출석하여 진술조서를 작성하였고 내용은 아래와 같다.

피청구인이 청구인에게 송부한 실업급여 부정수급 처분 사전통지(의견제출통지) 문서로 확인됨(2021. 3. 2. 시행)

〈청구인 진술조서 발췌〉

문: 진술인은 하△△△△에서 일자는 정확하지 않으나 5월 중순경에 근로한 사실을 대전고용센터 실업급여 담당자에게 신고하지 아니한 이유가 있나요.

답: 본인은 김○○부장님이 ○○○과 △△△에 문서작업을 부탁하는 자체가 싫어서 그날 임의적으로 방문해서 일정표, 병원진료 안내자료 등을 문서작성을 도와주었습니다. 그 당시 병원에서 방문해 도와주었지만 대가로써 돈을 받지 않아 신고하지 못하였습니다.

(중략)

문: 진술인은 하△△△△에서 실업급여 수급기간 중 근로하면서 신고를 하지 아니할 경우, 향후 문제(부정수급 처분 등)가 될 수 있다는 것을 알고 있었나요.

답: 아니오, 개인적으로 선의로 도와준 것이고 돈을 받지 않았기 때문에 신고하지 않아도 되고 부정수급이 되지 않는다고 생각합니다.

(중략)

문: 작업시간이 얼마나 걸렸습니까.

답: 문서작업만은 오전 12시경부터 오후 5시까지 병원데스크 탑 컴퓨터에 문서 편집 작업 프로그램이 설치되어 그 자리에서 작업을 할 수밖에 없었습니다. 중간에 방문 고객을 도와주었습니다. 그래서 작업시간이 6시간 정도 이틀 정도 작업을 했습니다.

5) 피청구인은 부정수급 제보 내용에 청구인이 2020. 5. 13.부터 하△△△△에서 근무하여 실업급여 중복수혜가 의심된다는 내용이 있었고, 이 사건 사업장 김○○부장과 청구인이 2020. 5. 12. 15:23, 19:24에 통화한 점, 청구인은 2020. 5월 말경 김○○부장이 재입사 제의를 했

다고 했으나 5월 말 전후로 김○○ 부장과의 통화기록이 없는 점, 고용보험 사업장 정보상 이 사건 사업장의 상시근로자수는 3명(현재 고용보험 가입자는 4명)이고, 그중 ○○○과 △△△이 2020. 5. 13.경까지 출근하고 이후는 연가 사용 처리된 후 2020. 5. 31. 자로 권고사직 처리한 점 등을 들어 청구인이 2020. 5. 13.에 이 사건 사업장에 입사하였음에도 2020. 6. 1.에 입사하였다고 허위신고한 것이 아닌지 조사하였으나 혐의를 입증하지는 못하였다.

다. 판단

1) 먼저 이 사건과 관련되는 법령 규정의 내용을 살펴본다.

고용보험법 제47조제1항에는 "수급자격자는 실업의 인정을 받으려 하는 기간 중에 고용노동부령으로 정하는 기준에 해당하는 취업을 한 경우에는 그 사실을 직업안정기관의 장에게 신고하여야 한다."라고 규정하고 있고,

같은 법 시행령 제69조제1항에는 "수급자격자는 법 제47조제1항에 따라 취업한 사실이 있는 경우에는 취업한 날 이후 최초의 실업인정일에 제출하는 실업인정신청서에 그 사실을 적어야 한다"라고 규정하고 있다.

같은 법 시행규칙 제92조에는 "법 제47조에 따라 수급자격자가 다음 각 호의 어느 하나에 해당하는 경우에는 취업한 것으로 본다. (중략) 2. 법 제2조제6호에 따른 일용근로자로서 근로를 제공하는 경우"라고 규정하고 있고, 같은 법 제2조제6호는 "'일용근로자'란 1개월 미만 동안 고용되는 사람을 말한다."고 규정하고 있다.

같은 법 제61조제1항은 "거짓이나 그 밖의 부정한 방법으로 실업급

여를 받았거나 받으려 한 사람에게는 그 급여를 받은 날 또는 받으려한 날부터의 구직급여를 지급하지 아니한다. (생략)"라고, 제2항에는 "(생략) 거짓이나 그 밖의 부정한 방법이 제47조제1항에 따른 신고의무 불이행 또는 거짓의 신고 등 대통령령으로 정하는 사유에 해당하면 그 실업인정 대상기간에 한하여 구직급여를 지급하지 아니한다. 다만 2회 이상의 위반행위를 한 경우에는 제1항 본문에 따른다."라고 규정하고 있고,

같은 법 시행령 제80조에는 "법 제61조제2항 본문에서 '대통령령으로 정하는 사유'란 수급자격자에 대한 다음 각 호의 어느 하나에 해당하는 사유를 말한다. 1. 실업을 인정받으려는 기간 중에 근로를 제공한 사실을 실업인정을 신청할 때 신고하지 아니하거나 사실과 다르게 신고한 경우 (생략)"라고 규정하고 있다.

같은 법 제62조제1항에는 "직업안정기관의 장은 거짓이나 그 밖의 부정한 방법으로 구직급여를 지급받은 사람에게 고용노동부령으로 정하는 바에 따라 지급받은 구직급여의 전부 또는 일부의 반환을 명할 수 있다."라고 규정하고 있고,

같은 법 시행규칙 제104조에는 "직업안정기관의 장은 법 제62조제1항에 따라 거짓이나 그 밖의 부정한 방법으로 구직급여를 지급받은 자에게 다음 각 호의 기준에 따라 반환을 명하여야 한다. 1. 지급받은 구직급여 전부의 반환을 명할 것, 2. 제1호에도 불구하고 영 제80조 각호의 어느 하나의 사유에 해당하는 자(1회의 부정행위로 한정한다) 의 경우에는 그 사유로 인정받은 실업기간에 대하여 지급받은 구직급여만 반환을 명할 것. 다만, 법 제2조제6호에 따른 일용근로자로서 근

로를 제공하여 영 제80조제1호의 사유에 해당하는 자가 실업을 인정받으려는 기간 중에 근로를 제공한 사실을 신고하였으나 신고한 근로 제공일수와 그 기간 중에 실제로 인정받은 근로일수의 차이가 3일 이내인 경우에는 부정행위의 횟수에 관계없이 그 사유로 인정받은 실업기간에 대하여 지급받은 구직급여만 반환을 명하여야 한다. 3. (생략) 직업안정기관의 장이 본인이나 사업장에 대한 조사를 하기 전까지 그 부정행위를 자진 신고하는 경우에는 그 실업인정 대상기간 중 근로를 제공한 날에 대하여 실업인정을 받아 지급받은 구직급여만 반환을 명할 것"이라고 규정하고 있다.

2) 피청구인의 처분이 적법·타당하였는지 판단한다.

관련 법령, 사실 인정, 관련 자료 및 주장 등에 따라 임금을 지급받지 않아 근로제공 사실을 신고하지 않고 구직급여를 수급한 행위가 부정수급에 해당하는지 살펴보면, ① 수급자격자는 실업의 인정을 받으려 하는 기간 중에 근로를 제공한 경우에는 근로를 제공한 날 이후 최초의 실업인정일에 제출하는 실업인정신청서에 그 사실을 기재하여 신고하도록 정하고 있는 점, ② 실업인정이란 실업인정 대상기간 동안 실업상태에 있었다는 것을 추정하여 전체 기간에 대해 구직급여를 지급하는 것인 점, ③ 수급자격자에게 지급하는 구직급여는 실직근로자의 생계안정을 도모하는 동시에 안정적인 구직활동을 지원하는 데 목적이 있고, 근로사실이 있는 날은 실업상태에 있는 것이 아니므로 구직급여 지급이 제외되며 설사 소득이 발생하지 않았더라도 수급 전 이직한 사업장에서 근로를 제공한 날에 대해 실업상태라고 인정할 수는 없는 점, ④ 청구인은 "6. 사실인정의 나. 3), 4)"와 같이 2020.

5. 8.과 5. 9. 총 2일간 근로를 제공하여 취업한 사실이 있음에도 이를 신고하지 않고 구직급여를 수급한 사실이 이 사건 사업장 내 설치된 CCTV, 청구인 진술, 제보내용으로 확인되는 점, ⑤ 고용보험법 시행령 제80조제1호에서 실업인정 신청 시 근로를 제공한 사실을 신고하지 아니한 행위를 부정행위라고 정하고 있는 점, ⑥ 피청구인이 "6. 사실인정의 나. 5)"와 같이 청구인에게 취업희망카드를 통해 "실업급여를 받다가 근로(취업)를 하거나 소득이 발생할 때에는 반드시 신고"하도록 사전에 안내하였음에도 청구인이 2020. 6. 1. 2차 실업인정일에 근로제공 사실을 신고하지 않은 점을 종합하여 볼 때 청구인이 2일간 일용근로한 날에 임금을 지급받지 않았더라도 근로제공 사실을 피청구인에게 신고하지 않고 구직급여를 수급한 행위는 부정수급에 해당한다고 판단된다.

다음으로 근로제공 사실을 신고하지 않고 구직급여를 수급한 기간에 지급받은 구직급여를 반환명령한 처분이 적법·타당한지 살펴보면, ① 거짓이나 그 밖의 부정한 방법으로 구직급여를 지급받은 사람에게 지급받은 구직급여 전부의 반환을 명하도록 규정하고 있고, 동 규정에도 불구하고 실업을 인정받으려는 기간 중에 근로를 제공한 사실을 실업인정을 신청할 때 신고하지 않고 구직급여를 지급받은 사람의 경우에 한해 규정의 적용을 완화하여 그 사유로 인정받은 실업기간에 대하여 지급받은 구직급여만 반환을 명하도록 규정하고 있는 점, ② 근로를 제공한 날에 대하여만 구직급여를 반환하도록 하는 경우는 청구인이 그 부정행위를 자진 신고하거나 일용근로자가 실업인정 기간 중에 근로를 제공한 사실을 신고하였으나 신고한 근로 제공 일수와 그 기간 중에 실제로 인정받은 근로일수의 차이가 3일 이내인 경우만 가능한 점을 종합하여 볼 때 피청구인이 청구인에 대해 근로제공 사실을 신고하지 않고 2차 실업인정일에 지급받은 구직급여 1,420,330원 전액을 반환명령한 처분은 잘못되었다고 볼 수 없다.

따라서, 피청구인이 청구인에게 행한 실업급여 반환명령 처분은 적법·타당하다고 판단된다.

7. 결론

그렇다면 청구인의 이 사건 청구는 이유가 없다고 할 것이므로 청구인의 청구를 기각하기로 하여 고용보험법 제96조의 규정에 따라 주문과 같이 결정한다.

2021년 11월 31일

고용보험심사관

재결서

○ 사건번호 및 사건명 : 2021재결 제95호 실업급여 반환명령 처분 취소 청구

○ 청구인 : 박○○

대전광역시 유성구 도안대로 ***-**, 하△△△△ *층

○ 피청구인(원처분청) : 대전지방고용노동청장

○ 주문 : 피청구인이 2021. 9. 29. 청구인에게 한 실업급여 반환명령

처분을 취소한다.

○ 청구취지 : 주문과 같다.

1. 사건 개요

가. 청구인 박○○(이하 '청구인'이라 한다)은 2020. 4. 1. 하△△△
△의원(이하 '이 사건 사업장'이라 한다)에서 이직한 후, 2020. 4.
20. 대전지방고용노동청장(이하 '피청구인'이라 한다)에게 실업
급여 수급자격 인정신청을 하여 소정급여일수 210일, 구직급여
일액 52,605원의 수급자격을 인정받고, 2020. 4. 27.부터 2020.
5. 31.까지 35일분의 구직급여 1,841,170원을 지급받았다.

나. 이와 관련하여 피청구인은 청구인에 대한 부정수급 제보가 접수
되어 이를 조사한 결과, 청구인이 2020. 5. 8. 및 5. 9. 2일간 이
사건 사업장에서 근로를 하였음에도 2020. 6. 1. 실업인정일(실
업인정 대상기간: 2020. 5. 5.~2020. 5. 31.)에 이를 신고하지 않
고 구직급여를 지급받았음을 이유로 2020. 9. 29. 이 사건 처분인
실업급여 반환명령 처분(부정수급액 105,210원, 해당 실업인정
대상기간의 반환금액 1,315,120원, 총 1,420,330원)을 하였다.

다. 이에 청구인은 고용보험심사관에게 이 사건 처분의 취소를 구하
는 심사청구를 제기하였으나 2021. 4. 12. 기각결정 되었음을 알
고, 2021. 6. 9. 고용보험심사위원회에 재심사청구를 제기하였다.

2. 청구인 주장

가. 청구인은 2013년 실습생 때부터의 인연으로 졸업 후 2015년에 이

사건 사업장에 취업하게 되었다. 당시 사업장에는 김○○ 부장 등 청구인을 포함하여 4명이 근무(원장 제외)하였으며 어렵고 힘든 일은 서로 도우며 가족 같은 분위기에서 근무하였다. 그런데 2020년 11월경 기존 선생님이 개인사정으로 퇴직한 후 '차○○'가 후임으로 들어왔으며 그 이후로 분위기가 달라졌다. 차○○는 기존 직원이었던 '배○○'을 포섭하여 사사건건 문제를 제기하기 시작하였다. 문 좀 살살 닫아달라는 가벼운 요구에 그렇게 하기 싫다면서 반말로 언성을 높이고 싸움을 걸었다. 점심시간에는 직원들끼리 돌아가면서 전화를 받는데, 그 둘이 전화를 받는 날이면 전화선을 빼놓고는 전화를 받지 않고, 김○○ 부장님이 지적을 하면 25년 이상 선배인 김○○ 부장에게 반말로 언성을 높여 싸움을 걸었다. 그 둘은 청구인과 김○○ 부장을 그만두게 할 생각이었는지 김○○ 부장이 게시한 진료안내문을 아무도 모르게 없애 마치 김○○ 부장이 실수한 것처럼 모함하고 업무일지를 감추는 등 업무에 소홀한 것처럼 보이게 한 후, 원장에게 해임을 건의하는 한편 후임들이 관행적으로 하던 쓰레기 배출 등 업무도 25년 이상 선배인 김○○ 부장에게 똑같이 해야 한다고 요구하여 직원 간 갈등을 유도하였다.

나. 그러나 김○○ 부장이 퇴직하지 않아 그 뜻을 이루지 못하던 중 코로나 사태로 병원 운영이 어려워져 원장의 권유로 청구인이 2020. 4. 1. 퇴직하게 되었다. 청구인이 퇴직하자, 차○○와 배○○은 인력 감소분만큼의 급여 인상을 요구하였다. 환자감소에 따른 병원 운영의 어려움 등을 이유로 원장이 급여 인상을 거부하

자, 차○○와 배○○은 그동안 관행적으로 해오는 부수적 업무를 거부하였다. 그런 상황에서 김○○ 부장이 증가하는 업무를 감당하지 못해 청구인에게 어려움을 호소하였고, 청구인이 "지금 그만두면 그들에게 지는 것이다."라고 생각하고 자발적으로 2020. 5. 8.부터 다음 날 5. 9.까지 김○○ 부장이 처리하던 장부정리, 컴퓨터 안내문 작성 등을 도와주게 된 것이다. 안내업무와 장부정리 등 업무는 김○○ 부장의 고유업무이고 청구인과 차○○ 등은 진료를 보조하는 업무를 하므로 업무영역이 명확하게 구분이 된다. 청구인이 2020. 4. 1. 퇴직 전에 하던 업무도 진료보조였고, 2020. 6. 1. 재취업한 후 현재하는 업무도 진료보조이다.

다. 청구인이 2020. 5. 8. 및 5. 9. 당시 유니폼을 입었던 것은 김○○ 부장이 "잠시 도와주는 것이라고 하여도 병원 이미지가 있으니 유니폼이 있으면 입는 것이 좋겠다."라고 하여 청구인이 집에 보관하고 있었던 것을 입은 것인데, CCTV영상에는 마치 청구인이 근무하는 것처럼 보여 억울하다. 차○○와 배○○은 그와 같은 사정을 잘 알면서도 원장과 김○○ 부장이 퇴근한 후 원장실에 몰래 침입하여 비밀번호가 설정되어 있는 컴퓨터에 로그인하여 CCTV영상을 몰래 촬영하여 보관하고 있었다. 그 후에도 차○○와 배○○은 급여 인상을 요구하였으나 원장이 응하지 않자 퇴직하겠다고 동시에 일방적으로 통보하였다. 원장이 직원을 채용할 때까지만 있어 달라고 하였고, 그러던 중 김○○ 부장과의 마찰이 있었고 차○○와 배○○은 원장에게 대들기까지 하였다. 차○○와 배○○은 병원을 나가면서 병원진료에 쓰이는 중요한 상담

자료, 중요한 정보와 파일 등을 모두 삭제하고 나갔고 병원에 쓰이는 태블릿 PC도 없어지고, 병원의 중요한 차트까지 다 촬영을 하여 세무서에 신고를 한 상태이다. 환자가 급감하였다고는 하나 원장의 진료를 보조하여야 하는 간호사들이 갑자기 나가게 되면서 병원 운영에 어려움이 많았고 그 즉시 인터넷 홈페이지에 직원모집 공고를 내고 2020. 6. 1. 청구인과 다른 간호사 1명이 채용되게 된 것이다.

라. 차○○와 배○○은 원장이 퇴근한 이후 원장실에 몰래 침입하여 방실침입죄를 저질렀으며 비밀번호가 설정된 컴퓨터에 로그인하여 CCTV영상을 핸드폰으로 촬영하였다. 차○○와 배○○의 방실침입 및 컴퓨터 로그인 행위에 대하여는 별도로 고소의 절차를 밟을 것이나, 이렇게 수집된 증거를 사실 판단의 자료로 인용하는 것은 문제가 있다고 생각한다.

마. 또한 피청구인은 청구인이 무보수로 자원봉사 형식의 근로하였음을 인정하면서도 고용보험법 제62조제1항의 거짓이나 그 밖의 부정한 방법으로 구직급여를 받은 것으로 판단하여 구직급여 전부의 반환을 명하였다. 그러나 고용보험심사위원회 재결서(2019 재결 제70호)에서 인용한 판례를 보면, "고용보험법 제47조제1항에 따른 신고대상인 '근로의 제공'이라 함은 법령상 취업으로 인정되는 경우는 물론 그에 이르지 않는 정도의 것(무급, 임시직 등)이라 하더라도 취업으로 볼 여지가 있거나 문제될 수 있는 상당한 범위의 것도 포함한다고 할 것이며, 근로의 제공 또는 취업 여부는 위 규정을 토대로 수행한 업무의 성질과 내용, 대가성과

반복·계속성 등 근로의 객관적인 형태에 비추어 판단하여야 한다 (대법원 2015. 8. 19. 선고 2015두41289 판결)."라고 판시하여 무급의 경우에는 취업에 버금가는 경우를 근로의 제공으로 보고 있고, 또한 고용보험법 제61조제1항 본문, 제62조에 규정된 거짓이나 그 밖의 부정한 방법이라 함은 "일반적으로 수급자격 없는 사람이 수급자격을 가장하거나 취업사실 또는 소득의 발생사실 등을 감추는 일체의 부정행위를 말하는 것으로서 실업급여 지급에 관한 의사결정에 영향을 미칠 수 있는 적극적 및 소극적 행위를 의미한다 할 것이다(대법원 2003. 9. 23. 선고 2002두7494 판결, 대법원 2013. 6. 13. 선고 2011두7564 판결)."라고 판시하여 단순한 과실에 의한 것은 제외하고 있다.

바. 청구인은 고용주인 원장의 요청이 아니라 평소 친하게 지내던 김○○ 부장의 어려움을 해결해 주고자 도와준 것이고 대가를 받지 않아 신고대상이 아닌 것으로 알았을 뿐, 수급자격을 가정하거나 취업사실, 소득 발생사실에 버금가는 부정행위를 한 사실이 없다.

사. 이상에서 밝힌 것처럼 피청구인은 형사처벌 대상인 위법수집 증거에 의하여 사실 판단을 하였으므로 이 사건 처분은 취소되어야 한다. 설령 적법한 증거에 의하여 판단한 것이라 하더라도 실수에서 비롯된 것임을 살펴 정확하고 공정한 판단으로 이 사건 처분인 실업급여 반환명령을 취소하여 주기 바란다.

3. 피청구인 주장

가. 청구인에 대한 부정행위 신고서, CCTV의 청구인 근무장면 등 관

런자료를 검토한 결과, 청구인은 2020. 5. 8. 및 5. 9. 이 사건 사업장에서 2일간 근로한 사실이 확인된다. 청구인은 위와 같은 근로사실을 무보수 자원봉사라고 주장하며 이런 근로사실을 신고하지 않고 2일분의 구직급여를 부정수급한 사실과 부정수급액을 반환하여야 함에 대해 불인정하고 이 사건 처분은 취소되어야 한다고 주장한다.

나. 청구인이 이 사건 사업장에서 무보수로 자원봉사 형식의 근로를 했다는 주장도 이해하나, 부정행위 신고 제보인의 부정수급 근로사실 제보가 있었고, 고용보험법 제47조제1항에는 "수급자격자는 실업의 인정을 받으려 하는 기간 중에 근로를 제공하거나 창업한 경우에는 그 사실을 직업안정기관의 장에게 신고하여야 한다."라고 규정하고 있으며, 피청구인은 청구인에게 수급자격 신청자 온라인 교육 및 취업희망카드 내 안내문 등을 통하여 근로사실 미신고 시 부정수급에 해당되며, 부정수급액뿐만 아니라 해당 실업인정 대상기간 전체에 지급받은 금액을 반환한다고 안내하였다. 그럼에도 청구인이 2020. 6. 1. 실업인정신청을 하면서 2일간의 근로사실을 신고하지 않고 구직급여를 지급받은 것은 고용보험법 위반으로 명백한 부정수급에 해당한다.

다. 또한 청구인의 경우 고용보험법령에 따라 실업인정 대상기간에 지급받은 구직급여를 전부 반환하여야 하며 감경대상이 아니다. 따라서 피청구인의 이 사건 처분은 적법·타당하므로 청구인의 청구는 기각되어야 한다.

4. 관계 법령

고용보험법 제47조, 제62조

고용보험법 시행령 제69조

고용보험법 시행규칙 제92조, 제104조

5. 인정사실

청구인과 피청구인이 제출한 재심사청구서, 원처분청 의견서 및 기타 입증자료 등의 기재내용을 종합하면 다음과 같은 사실을 인정할 수 있다.

가. 위 '1. 사건 개요'의 '가'부터 '다'까지의 기재 내용과 같다.

나. 이 사건 사업장의 원장 이○○은 2021. 7. 9. "박○○ 선생님이 2020. 5. 8.부터 이틀간 하△△△△에서 김○○ 부장의 담당업무를 도와준 것과 관련하여, 본인은 박○○ 선생님에게 업무처리를 부탁한 사실이 없고 임금을 지불한 사실이 없습니다."라는 내용의 확인서를 제출하였다.

다. 이 사건 사업장의 김○○ 부장은 2021. 7. 9. 청구인은 2020. 5. 8. 및 5. 9. 이틀간 간호조무사로서 담당하였던 진료보조 업무가 아니라, 본인의 행정업무를 보조해주었다는 내용의 확인서를 제출하였다.

6. 이 사건 처분의 위법·부당 여부

가. 관계 법령 등의 내용

1) 고용보험법 제47조제1항은 "수급자격자는 실업의 인정을 받으려 하는 기간(이하 '실업인정 대상기간'이라 한다) 중에 고용노동부령으로 정하는 기준에 해당하는 취업을 한 경우에는 그 사실을 직업안정기관의 장에게 신고하여야 한다."라고, 같은 법 시행령 제69조제1항은 "수급자격자는 법 제47조제1항에 따라 취업한 사실이 있는 경우에는 취업한 날 이후 최초의 실업인정일에 제출하는 실업인정신청서에 그 사실을 적어야 한다."라고,

같은 법 시행규칙 제92조는 "법 제47조에 따라 수급자격자가 다음 각 호의 어느 하나에 해당하는 경우에는 취업한 것으로 본다. 1. 1개월간의 소정근로시간을 60시간 이상(1주간의 소정근로시간을 15시간 이상으로 정하는 경우를 포함한다)으로 정하고 근로를 제공하는 경우, 2. 3개월 이상 계속하여 근로를 제공하는 경우, 3. 법 제2조제6호에 따른 일용근로자로서 근로를 제공하는 경우, 4. 근로 제공의 대가로 임금 등 어떠한 명칭으로든지 법 제46조에 따른 구직급여일액 이상을 수령하는 경우, 5. 상업·농업 등 가업에 종사(무급 가사종사자를 포함한다)하거나 다른 사람의 사업에 참여하여 근로를 제공함으로써 다른 사업에 상시 취직하기가 곤란하다고 인정되는 경우, 6. 세법에 따라 사업자등록을 한 경우(사업자등록을 한 경우라도 휴업신고를 하는 등 실제 사업을 하지 아니하였음을 증명한 경우와 부동산임대업 중 근로자를 고용하지 아니하고 임대사무실도 두지 아니한 경우는 제외한다), 7. 그 밖에 사회통념상 취업을 하였다고 인정되는 경우"라고 규정하고 있다.

같은 법 제62조제1항은 "직업안정기관의 장은 거짓이나 그 밖의 부

정한 방법으로 구직급여를 지급받은 사람에게 지급받은 전체 구직급여의 전부 또는 일부의 반환을 명할 수 있고, 이에 추가하여 거짓이나 그 밖의 부정한 방법으로 지급받은 구직급여액에 상당하는 액수 이하의 금액을 징수할 수 있다."라고, 같은 법 시행규칙 제104조는 "직업안정기관의 장은 법 제62조제1항에 따라 거짓이나 그 밖의 부정한 방법으로 구직급여를 지급받은 자에게 다음 각 호의 기준에 따라 반환을 명하여야 한다. 1. 지급받은 구직급여 전부의 반환을 명할 것, 2. 제1호에도 불구하고 영 제80조 각 호의 어느 하나의 사유에 해당하는 자(1회의 부정행위로 한정한다)의 경우에는 그 사유로 인정받은 실업기간에 대하여 지급받은 구직급여만 반환을 명할 것. 다만, 법 제2조제6호에 따른 일용근로자로서 근로를 제공하여 영 제80조제1호의 사유에 해당하는 자가 실업을 인정받으려는 기간 중에 근로를 제공한 사실을 신고하였으나 신고한 근로제공일수와 그 기간 중에 실제로 인정받은 근로일수의 차이가 3일 이내인 경우에는 부정행위의 횟수에 관계없이 그 사유로 인정받은 실업기간에 대하여 지급받은 구직급여만 반환을 명하여야 한다. 3. 제2호 본문과 단서에도 불구하고 영 제80조제1호의 사유에 해당하는 자가 법 제47조제2항에 따라 직업안정기관의 장이 본인이나 사업장에 대한 조사를 하기 전까지 그 부정행위를 자진 신고하는 경우에는 그 실업인정 대상기간 중 근로를 제공한 날에 대하여 실업인정을 받아 지급받은 구직급여만 반환을 명할 것(1회의 자진신고로 한정한다)"이라고 규정하고 있다.

2) 법원은 "고용보험법 제61조제1항 본문, 제62조에 규정된 거짓이나 그 밖의 부정한 방법이라 함은 일반적으로 수급자격 없는 사람이 수급자

격을 가장하거나 취업사실 또는 소득의 발생사실 등을 감추는 일체의 부정행위를 말하는 것으로서 실업급여 지급에 관한 의사결정에 영향을 미칠 수 있는 적극적 및 소극적 행위를 의미한다 할 것이다(대법원 2003. 9. 23. 선고 2002두7494 판결, 대법원 2013. 6. 13. 선고 2011두7564 판결).”라고 판시하고 있으며, 또한 법원은 고용보험법상 근로의 제공 또는 취업 여부와 관련하여 “고용보험법 제47조제1항에 따른 신고대상인 ‘근로의 제공’이라 함은 법령상 취업으로 인정되는 경우는 물론 그에 이르지 않는 정도의 것(무급, 임시직 등)이라 하더라도 취업으로 볼 여지가 있거나 문제될 수 있는 상당한 범위의 것도 포함한다고 할 것이며, 근로의 제공 또는 취업 여부는 위 규정을 토대로 수행한 업무의 성질과 내용, 대가성과 반복·계속성 등 근로의 객관적인 형태에 비추어 판단하여야 한다(대법원 2015. 8. 19. 선고 2015두41289 판결).”라고 판시하고 있다.

나. 판단

이 사건 당사자의 주장을 보면, 청구인은 구직급여를 받던 중 2020. 5. 8. 및 5. 9. 2일간 이 사건 사업장의 김○○ 부장의 행정업무를 자발적으로 도와준 것이지 근로를 한 것은 아니므로 이 사건 처분은 취소되어야 한다고 주장하는 반면, 피청구인은 청구인이 구직급여 수급 중 이 사건 사업장에서 2일간 근로를 제공하였음에도 이를 신고하지 않고 구직급여를 지급받은 것은 부정수급에 해당하는바 청구인의 청구는 기각되어야 한다고 주장한다. 따라서 이 사건의 쟁점은 청구인이 거짓이나 그 밖의 부정한 방법으로 구직급여를 지급받았는지 여부이다.

우리 위원회는 이 사건의 쟁점에 대하여 관계 법령 등의 내용과 관련 법리, 양 당사자의 주장과 제출된 입증자료 및 이를 토대로 심리한 사항 등을 종합한 결과, 청구인은 거짓이나 그 밖의 부정한 방법으로 구직급여를 지급받은 것으로 볼 수 없다고 판단하여 이 사건 처분을 취소하기로 하였다.

우리 위원회가 위와 같이 판단한 구체적인 이유는 다음과 같다.

1) 고용보험법령에 따르면, 수급자격자는 실업인정 대상기간 중에 고용노동부령으로 정하는 기준에 해당하는 취업을 한 경우에는 취업한 날 이후 최초의 실업인정일에 제출하는 실업인정신청서에 그 사실을 적어 신고를 하여야 하며(고용보험법 제47조제1항 및 같은 법 시행령 제69조제1항), 이때 신고하여야 할 취업의 인정기준에 대해서는 고용보험법 시행규칙 제92조 각 호에서 구체적으로 규정하고 있다. 따라서 청구인이 거짓이나 그 밖의 부정한 방법으로 구직급여를 지급받았음을 이유로 반환처분을 하기 위해서는 청구인의 행위가 고용보험법 시행규칙 제92조 각 호가 규정하는 취업의 인정기준에 해당되어야 한다. 즉, 수급자격자에게 기지급한 구직급여를 부정수급으로 보고 이를 반환토록 하는 이 사건 처분과 같은 침익적 행정처분을 하기 위해서는 고용보험법령을 문언을 엄격하게 해석하고 적용하여야 할 것이다.

2) 살펴건대 피청구인은 청구인이 2020. 5. 8. 및 5. 9. 2일간 이 사건 사업장에 나가 김○○ 부장의 행정업무를 보조한 것을 취업으로 보고 이 사건 처분을 한 것으로 보인다. 그러나 위 '5. 인정사실'의 '나'에서

보는 바와 같이 청구인은 위 2일간의 행정업무 보조와 관련하여 이 사건 사업장의 원장으로부터 근로제공의 요구나 구체적인 업무지시를 받은 사실이 없으며, 근로의 대가로 임금을 지급받은 사실도 없었던 것으로 확인된다. 이와 관련하여 청구인의 행정보조 업무수행이 고용보험법 시행규칙 제92조 각 호에서 규정하는 취업에 해당하는지를 살펴보면, 동조 각 호 어디에도 해당이 되지 않는 것으로 보인다.

3) 한편 청구인의 행정업무 보조가 고용보험법 시행규칙 제92조제7호의 "그 밖에 사회통념상 취업을 하였다고 인정되는 경우"에 해당된다는 반론도 있을 수 있으나, 위 '5. 인정사실'의 '나' 및 '다'에서 보는 바와 같이 청구인이 수행한 행정업무 보조는 청구인이 이 사건 사업장에 재직할 당시 담당하였던 본인의 업무인 진료보조 업무가 아니라 김○○ 부장이 담당하는 업무를 특수한 상황에서 단기간에 걸쳐 무보수로 도와준 것에 불과한바, 청구인이 수행한 업무의 성질과 내용, 대가성과 반복·계속성 등 근로의 객관적인 형태에 비추어 볼 때, 청구인이 고용보험법상 신고를 해야 하는 취업을 하였다고 보기는 어렵다고 판단된다(대법원 2015. 8. 19. 선고 2015두41289 판결 참조).

4) 이상 살펴본 바를 종합해보면, 청구인이 2020. 5. 8. 및 5. 9. 2일간 이 사건 사업장에서 김○○ 부장의 행정업무를 도와준 것은 고용보험법상 신고해야 할 취업에 해당하지 않는바, 청구인은 고용보험법 제62조가 규정하는 거짓이나 그 밖의 부정한 방법으로 구직급여를 지급받은 사람으로 볼 수 없다. 따라서 피청구인이 청구인에게 한 이 사건 처분은 위법·부당하다.

7. 결론

그렇다면 청구인의 청구가 이유 있다고 판단되므로 주문과 같이 재
결한다.

4) 조기복직으로 육아휴직 사용기간이 당초 신고기간과 달리 된 경우 허위, 기만, 은폐 등 사회통념상 부정이라고 인정되는 행위를 동원하여 육아휴직 급여를 수령하였다라고 볼 수 없다고 판단한 사례

결정서

○ 사건번호 및 사건명 : 2020-445 육아휴직 급여 지급제한, 반환명령 및 추가징수 처분 취소 청구

○ 청구인 : 김○○

○ 피청구인 : 서울지방고용노동청 서울북부지청장

○ 주문 : 청구인의 청구를 기각한다.

○ 청구취지: 청구인 김○○(이하 '청구인'이라 한다)는 서울지방고용노동청 서울북부지청장(이하 "피청구인"이라 한다)이 2020. 2. 11. 청구인에게 행한 육아휴직 급여 지급제한, 반환명령 및 추가징수 처분은 부당하므로 처분을 취소하는 심사결정을 구한다.

이유

1. 사건 개요

가. 청구인은 ㈜니□□코리아에서 근무하던 중 2018. 8. 29. 출생한 자녀에 대하여 2018. 10. 30.~2019. 10. 29.(12개월) 육아휴직을 부여받아 2019. 11. 3. 등 12회에 걸쳐 피청구인에게 육아휴직 급여를 신청하여 합계 11,475,000원을 수급하였다.

나. 피청구인은 서울북부고용센터에서 청구인의 부정수급 여부에 대해 조사를 의뢰하여 확인한 결과 청구인이 2019. 9. 30. 조기복직하였음에도 이를 숨기고 2019. 9. 30.~10. 29.에 대한 육아휴직 급여를 2019. 11. 3. 신청하여 900,000원을 부정으로 수급하였다고 2020. 2. 11. 육아휴직 급여 지급제한, 반환명령(900,000원) 및 추가징수(540,000원) 등 납부할 금액이 1,440,000원이라고 처분하였다.

다. 이에 청구인은 2020. 2. 11. 원처분을 알고 피청구인의 위 처분이 부당하다고 2020. 5. 5. 처분의 취소를 구하는 심사를 청구하였다.

2. 청구인 주장

가. 2019. 9. 30. 조기복직한 것을 실수로 신고하지 못한 점은 인정하나 부정수급 하려는 의도가 없었으며 복직 사실을 미신고한 것은 이번이 처음이기에 위반 행위가 경미함에도 반환명령뿐만 아니라 추가징수한 처분은 잘못되었다. 나. 경미한 법 위반 사실을 이유로 공익을 목적으로 시행된 정부 정책에 따른 육아기 근로시간 단축 급여와 육아휴직 급여 사후지급금까지 지급하지 않는 것은 잘못되었다.

〈추가 의견, 요약〉

1) 고용보험법 제73조제4항의 '거짓이나 그 밖의 부정한 방법'이 인정되기 위해서는 "허위, 기만, 은폐 등 사회통념상 부정이라고 인정되는 행위"라는 엄격한 요건을 충족하여야 하고, "단순히 요건이 갖추어지지 아니하였음에도 급여를 수령한 경우까지 이에 해당한다고 볼 수

없다"라는 것이 대법원 판례의 명백한 입장이다. (대법원 2017. 8. 23. 선고 2015두51651 판결 참조)

2) 청구인이 4일간의 복직 사실을 미신고한 것은 청구인이 처음으로 하는 형식적실수에 불과하다는점, 청구인이 신고서상 체크만 제대로 하였다면 전부 정당하게 수령할 수 있는 육아휴직 급여에 해당하여 청구인이 이를 거짓으로 신고할 아무런 이유도 없었다는 점, 실제로 청구인이 육아휴직을 전부 정상적으로 마쳤고 위 미신고로 얻은 추가적 경제적 이익이 없다는 점 등을 종합하여 고려해 보면 그 행위가 "허위, 기만, 은폐 등 사회통념상 부정이라고 인정되는 행위"에 해당하지 않음이 명백하고 피청구인이 또한 이를 다투지 않고 있으므로 이 사건의 처분은 고용보험법 제73조제4항의 '거짓이나 그 밖의 부정한 방법으로 육아휴직 급여를 받은 경우'에 해당하지 아니함에도 내려진 위법한 처분이다.

3) 피청구인의 처분이 재량권의 일탈·남용에 의한 처분인지 여부를 판단하기 위해서는 청구인의 4일간의 복직 사실을 미신고한 행위와 피청구인이 이에 대한 제재적 수단으로 약 1,000만 원 상당의 금전적 불이익을 부과한 이 사건 처분을 비교·형량하여 이 사건 처분이 과연 정당하다고 볼 수 있는지 여부에 관한 심리가 이루어져야 할 것이다.

4) 따라서 이 사건 처분은 피청구인의 재량권을 일탈·남용한 위법한 처분이기에 취소하여야 한다.

3. 피청구인 주장

가. 청구인은 소속 사업장인 ㈜니ㅁㅁ코리아에 휴직원과 복직원을

제출하였으므로 자신의 육아휴직 기간이 당초 2019. 10. 29.까지인 사실과 2019. 9. 30.에 조기에 복직한 사실을 알고 있었다. 또한 육아휴직 급여 신청서에 육아휴직 기간 중 조기복직 여부를 묻는 질문이 있고 이에 실제 복직한 날짜를 입력할 수 있었음에도 불구하고 청구인의 부주의로 육아휴직 급여를 거짓으로 신청하게 된 것은 귀책사유가 청구인에게 있음이 명백하다.

나. 행정법규 위반에 대한 제재조치는 행정목적의 달성을 위하여 행정법규 위반이라는 객관적 사실에 착안하여 가하는 제재이므로, 특별한 사정이 없는 한 위반자에게 고의나 과실이 없더라도 부과할 수 있다고 하였다. (대법원 2012. 5. 10. 선고 2012두1297 판결 참조)

다. 그러므로 고용보험법 제73조제4항의 '거짓이나 그 밖의 부정한 방법'이란 위반자의 고의·과실이 있어야 하는 것은 아니다.

라. 제재적 행정처분이 사회통념상 재량권의 범위를 일탈하였거나 남용하였는지 여부는 처분 사유로 된 위반행위의 내용과 당해 처분 행위에 의하여 달성하려는 공익 목적 및 이에 따르는 제반 사정 등을 객관적으로 심리하여 공익 침해의 정도와 그 처분으로 인하여 개인이 입게 될 불이익을 비교·형량하여 판단하여야 하며, 이 경우 제재적 행정처분의 기준이 그 자체로 헌법 또는 법률에 합치되지 않거나 그 기준을 적용한 결과가 처분 사유인 위반행위의 내용 및 관계 법령의 규정과 취지에 비추어 현저히 부당하다고 인정할 만한 합리적인 이유가 없는 한, 섣불리 그 기준에 따른 처분이 재량권의 범위를 일탈하였거나 재량권을 남용한

것이라고 판단해서는 안 된다. (대법원 2007. 9. 20. 선고 2007두 6946 판결 참조)

마. 한편, 청구인은 2018. 10. 30.~2019. 9. 29.까지 총 10,575,000원의 육아휴직 급여를 기 받은 사실이 있으며 마지막 급여 신청일인 2019. 11. 3. 조기복직 사실을 신고하지 않음에 따라 본 사건 처분을 받은 것이므로 만약 청구인이 의무를 다해 조기복직 사실을 신고하였더라면 마지막 육아휴직 급여 역시 수령할 수 있을 것이었음이 명백하다. 청구인은 총 10,575,000원의 육아휴직 급여를 기 받아 육아휴직 중인 근로자를 위한 정부 정책에 따른 금전적 혜택이 청구인으로부터 완전히 박탈되었다고 보기 힘들고 다만, 이 사건 처분으로 청구인이 입게 될 미래의 불이익이 이 사건 처분으로 인하여 달성하고자 하는 공익보다 크다고 할 수 없을 것이다.

바. 따라서, 피청구인이 청구인에게 행한 육아휴직 급여 지급제한, 반환명령 및 추가징수 처분은 적법·타당하다고 판단된다.

4. 쟁점

이 사건의 쟁점은 청구인이 육아휴직 급여를 부정수급하였다고 육아휴직 급여 지급제한, 반환명령 및 추가징수 처분이 적법·타당한지 여부에 있다 할 것이다.

5. 심사자료

가. 심사청구서 및 이유서

나. 원처분청 의견서

다. 육아휴직 급여 지급 제한, 반환명령 및 추가징수 결정 통지서

라. 육아휴직 급여 신청서(2019. 11. 3.)

마. 육아휴직 급여 부정수급 의심자 조사 의뢰

바. 휴직원(2018. 7. 2., 김○○), 복직원(2019. 9. 27., 김○○), 휴직원(2019. 10. 7., 김○○), 복직원(2019. 11. 6., 김○○)

사. 고용보험시스템 육아휴직 목록 조회

아. 처분사전 통지서(피청구인), 의견 제출서(2020. 1. 13., 김○○)

자. 반환명령액 일시납부 확약서(2020. 1. 17., 김○○), 고용보험 기금 반환금 납부 고지, 고용보험시스템 징수내역 조회

차. 국민신문고 민원신청(육아기 근로시간 단축급여) 내용(2020. 2. 18.) 및 답변(2020. 2. 26.), 모성보호 모의계산

카. 청구인 추가 의견

타. 고용보험시스템 피보험자 이력 조회, 사업장 상세 조회

6. 사실인정 및 판단

가. 관계 법령

    1) 고용보험법 제62조〈구법〉, 제73조, 제74조

    2) 고용보험법 시행규칙 제105조, 제119조

나. 관련 사실에 대한 인정

    1) 1. '사건 개요'의 '가'에서 '다'까지 내용과 동일하다.

    2) 청구인이 피청구인에게 2019. 11. 3. 제출한 육아휴직 급여 신청서에서 급여 신청기간은 2019. 9. 30.~2019. 10. 29.(30일), "급여 신청기

간 중에 조기복직, 퇴사, 창업, 다른 사업장에 취직, 창업한 사실이 있습니까?"라고 묻는 항목에 "아니오"라고 체크하였음이 아래와 같이 확인된다. 〈육아휴직 급여 신청서〉

3) 청구인은 2019. 9. 27. 복직원을 제출하여 육아휴직이 종료되고 2019. 9. 30.부터 복직한 것으로 확인되고, 다시 2019. 10. 7. 제출한 휴직원에서 휴직 기간은 2019. 10. 7.~2019. 11. 5., 휴직사유는 "육아휴직을 종료하고 9월 30일부로 복직하였으나 육아를 포함한 가정상의 부득이한 사유로 인하여 남은 육아휴직 기간을 소진하고자 함"이라고 확인된다. 그리고 2019. 11. 6. 제출한 복직원에서 복직일자는 2019. 11. 6., 복직사유는 육아휴직 종료라고 확인된다.

다. 판단

1) 이와 관련한 고용보험법 규정은 다음과 같다. 고용보험법 제73조제4항에 "거짓이나 그 밖의 부정한 방법으로 육아휴직 급여를 받았거나 받으려 한 사람에게는 그 급여를 받은 날 또는 받으려 한 날부터의 육아휴직 급여를 지급하지 아니한다. 다만, 그 급여와 관련된 육아휴직 이후에 새로 육아휴직 급여 요건을 갖춘 경우 그 새로운 요건에 따른 육아휴직 급여는 그러하지 아니하다."라고 규정하고 있다. 같은 법 제74조제1항에 "육아휴직 급여에 관하여는 제62조를 준용한다. 이 경우 "구직급여"는 "육아휴직 급여"로 본다."라고 규정하고, 같은 법 제62조제1항에 "직업안정기관의 장은 거짓이나 그 밖의 부정한 방법으로 구직급여를 지급받은 자에게 지급받은 전체 구직급여의 전부 또는 일부의 반환을 명할 수 있고, 이에 추가하여 고용노동부령으로 정하는 기준에 따라 그 거짓이나 그 밖의 부정한 방법으로 지급받은 구직

급여액에 상당하는 액수 이하의 금액을 징수할 수 있다."라고 규정하고 있다.〈구법〉같은 법 시행규칙 제119조에 "법 제62조제1항 및 제74조에 따른 육아휴직등 급여의 부정수급으로 인한 추가징수에 관하여는 제105조를 준용하되, 같은 조 제1항제1호 및 제2항제2호는 제외한다. 이 경우 "구직급여액"은 "육아휴직등 급여액"으로 본다."라고 규정하고 있다. 같은 법 시행규칙 제105조제1항에 "법 제62조제1항에 따른 추가징수액은 거짓이나 그 밖의 부정한 방법에 따라 지급받은 구직급여액의 100분의 100으로 하되, 다음 각 호의 어느 하나에 해당하는 경우에는 거짓이나 그 밖의 부정한 방법에 따라 지급받은 구직급여액에 다음 각호의 구분에 따른 비율을 곱한 금액으로 한다."고, 제2호에 "제1호에 해당하지 않는 경우로서 부정행위 조사에 성실히 응하고 부정수급액의 즉시 납부를 서면으로 확약한 경우 : 100의 60"이라고, 제2항에 "제1항에도 불구하고 다음 각 호의 어느 하나에 해당하는 사람에 대하여는 추가징수를 면제할 수 있다. 1. 부정행위자 본인이나 사업장에 대한 조사 전까지 부정행위를 자진 신고한 자, 2. 영제80조 각 호의 어느 하나의 사유에 해당하는 사람(1회의 부정행위로 한정한다), 3. 직업안정기관의 장이 생계가 현저히 곤란하다고 인정하는 사람"이라고 정하고 있다.

2) 피청구인의 처분이 적법·타당하였는지 판단한다. 관련 법령, 인정사실, 관련 자료 및 주장 등에 따라 먼저 청구인의 행위가 부정수급에 해당하는지 살펴보면, ① 거짓이나 그 밖의 부정한 방법으로 육아휴직 급여를 받았거나 받으려 한 자에게는 그 급여를 받은 날 또는 받으려 한 날부터의 육아휴직 급여를 지급하지 아니하도록 규정하고 있는

점, ② 청구인은 2018. 8. 29. 출생한 자녀에 대하여 2018. 10. 30. ~ 2019. 10. 29.(12개월) 육아휴직을 부여받아 사용하다가 2019. 9. 30. 조기에 복직한 사실이 청구인 등이 제출한 휴직원 및 복직원 등에서 확인되고 또한 청구인의 주장에서도 휴직과 복직은 청구인의 사정에 따라 결정된 사항으로 휴직 기간에 대해서는 누구보다 명확하게 청구인이 인지하고 있는 점, ③ 청구인은 2019. 11. 3. 피청구인에게 육아휴직 급여 신청서를 제출하면서 '6. 사실인정'의 '나. 2)'와 같이 "급여 신청기간"은 "2019. 9. 30. ~10. 29.(30일)"라고, "급여 신청기간 중에 조기복직 사실" 등이 있는지 질문에 "[√] 아니오"라고 허위로 기재하였음이 확인되고 피청구인은 신청서에 기재된 사실을 신뢰하여 육아휴직 급여(90만 원)를 지급할 수밖에 없었던 점, ④ 청구인은 개인 사정으로 당초 육아휴직 종료일보다 한 달 당겨 2019. 9. 30. 조기에 복직하였다가 바로 며칠 후 다시 육아와 개인 사정으로 2019. 10. 7. ~ 11. 5.(30일) 육아휴직으로 한 달 쉬었기 때문에 잘못된 급여 청구가 아니라고 판단하고 육아휴직 급여를 신청하였고 부정수급 의도는 없었다는 청구인의 주장에 대해서는 2019. 9. 30. ~10. 29.(30일)에 대한 육아휴직 급여 신청일인 2019. 11. 3.은 청구인이 다시 육아휴직 (2019. 10. 7. ~11. 5.) 중에 있던 날이고 청구인이 그간 육아휴직을 시작한 날 이후 1개월이 지날 때마다 11차례 육아휴직 급여를 신청해 왔는데 육아휴직 기간을 정확하게 알고 있던 청구인이 마지막에 단순 착오로 잘못 신청하였다는 주장은 받아들이기 어려운 점, ⑤ 또한 행정법규 위반에 가하는 제재조치는 행정목적의 달성을 위하여 행정법규 위반이라는 객관적 사실에 착안하여 가하는 제재이므로 위반자의 의무 해태를 탓할 수 없는 정당한 사유가 있는 등의 특별한 사정이 없는 한 위반자의 고의나 과실이 없다고 하더라도 부과할 수 있는 점 등을 종합하여 고려해 보면 청구인이 부정한 방법으로 육아휴직 급여를 받았다고 판단한 피청구인의 처분은 잘못되었다고 볼 수 없다. 다음은 청구인에게 행한 육아휴직 급여 지급제한, 반환명령 및 추가징수 처분을 살펴보면, ① 육아휴직 급여를 부정한 방법으로 받은 자에게는 그 급여를 받은 날부터의 육아휴직 급여를 지급하지 아니하도록 정하고 있는 점, ② 부정한 방법으로 받은 육아휴직 급여에 대해서는 반환토록 정하고 있고 이에 추가하여 부정으로 받은 금액의 100분의 100으로 추가징수(다만, 즉시 납부를 서면으로 확약한 경우에는 100의 60)하도록 규정하고 있는 점 등으로 볼 때 청구인에게 육아휴직 급여 지급제한, 반환명령(900,000원) 및 추가징수(540,000원) 등 납부할 금액이 1,440,000원이라고 결정한 피청구인의 처분이 잘못되었다고 볼 수 없다.

7. 결론

그렇다면 청구인의 이 사건 청구는 이유가 없다고 할 것이므로 청구인의 청구를 기각하기로 하여 고용보험법 제96조의 규정에 따라 주문과 같이 결정한다.

2020년 6월 24일
고용보험심사관

재결서

○ 사건번호 및 사건명 : 2020재결 제148호 육아휴직 급여 지급제한, 반환명령 및 추가징수 처분 취소 청구

○ 청구인 : 김○○

○ 피청구인(원처분청) : 서울지방고용노동청 서울북부지청장

○ 주문 : 피청구인이 2020. 2. 11. 청구인에게 행한 육아휴직 급여 지급제한, 반환명령 및 추가징수 처분을 취소한다.

○ 청구취지 : 주문과 같다.

이유

1. 사건 개요

가. 청구인 김○○(이하 '청구인'이라 한다)는 2018. 10. 30.부터 2019. 10. 29.까지 (주)니□□코리아(이하 '이 사건 사업장'이라 한다)에서 육아휴직을 부여받아 사용하던 중 2019. 9. 30. 자로 조기복직하였다. 청구인은 피청구인에게 12회에 걸쳐 육아휴직 급여를 신청하여 총 11,475,000원을 지급받았다.

나. 피청구인은 청구인의 2019. 12. 15. 자 육아기 근로시간 단축급여 신청에 대해 검토하던 중 청구인이 조기복직 사실을 신고하지 않고 육아휴직 급여를 부정수급한 것으로 의심되어 조사한 결과, 청구인이 2019. 9. 30. 조기복직하였음에도 조기복직 사실을 신고하지 않고 육아휴직 급여를 지급받았음을 이유로 2020. 2.

11. 이 사건 처분인 육아휴직 급여 지급제한, 반환명령 및 추가징수 처분(총 1,440,000원)을 하였다. 즉, 청구인은 복직 직전 11개월분 신청서의 지급대상기간 2019. 8. 30.~2019. 9. 29.에 이어서 그대로 2019. 9. 30.~2019. 10. 29.로 작성하였고, 복직기간도 기재하지 못하였다.

다. 청구인의 심사청구 요지와 관련 심리되지 않은 부당성 및 법리적 오해

1) 대법원은 고용보험법 제73조제4항의 '거짓이나 그 밖의 부정한 방법'이 인정되기 위해서는 '허위, 기만, 은폐 등 사회통념상 부정이라고 인정되는 행위'라는 엄격한 요건을 충족하여야 하고, 이는 '단순히 요건이 갖추어지지 아니하였음에도 급여를 수령한 경우까지 이에 해당한다고 볼 수는 없다.'고 판시하고 있다(대법원 2015두51651 판결, 2017. 8. 23. 선고). 즉 '거짓이나 그 밖의 부정한 방법'으로 인정되기 위하여는 단순히 형식적 요건을 결여한 것만으로는 부족하고, 실제로 육아휴직 상태가 아님에도 거짓으로 육아휴직 급여를 신청하는 등 육아휴직 급여의 실질적 요건도 결여하여 '사회통념상 부정이라고 인정되는 행위'가 있어야 한다. 이에 이 사건 결정은 청구인의 제반사정을 전혀 고려하지 아니하고 청구인이 육아휴직 기간을 잘못 기재하고 조기복직을 미신고하는 형식적 요건을 결여했다는 사실만으로 청구인의 행위가 '허위, 기만, 은혜 등 사회통념상 부정이라고 인정되는 행위'라는 엄격한 요건을 충족하였는지 여부는 판단하지 않았다.

2) 이 사건 결정에서 청구인이 '육아휴직 기간을 정확하게 알고 있었으므로 이를 마지막에 단순 착오로 잘못 신청한 것이라고 볼 수 없다.'고

판단한 내용은 논리적으로 잘못된 판단이다. 청구인이 제대로 육아휴직 기간 및 복직 사실을 기재만 하였더라면 아무 문제 없이 정당하게 수령할 수 있는 육아휴직 급여였다는 사실에 비추어보면, 청구인이 어떠한 부당한 이익을 취하기 위하여 의도적으로 거짓 신고를 한 것이 아니라 단순히 착오로 잘못 신청한 것이었다고 봄이 상식적이고 논리적이다. 더군다나 청구인은 당시 실제 육아휴직을 정상적으로 한 상태였고, 기간만 다르게 기재한 것을 허위나 거짓신고라고 할 수 없다.

라. 피청구인의 재량권을 일탈·남용하여 내려진 위법한 처분 및 과도한 행정적 제재

1) 청구인은 실질적으로 2019. 10. 7.~2019. 11. 5. 정상적으로 육아휴직을 마친 상태이었음에도, 형식적 실수로 4일의 복직기간을 신고하지 않아 정당하게 받을 수 있었던 1개월의 육아휴직 급여를 모두 반환하고 추가징수금까지 지급하라는 이 사건 처분이 부당하나, 미납부 시 강제징수 당할 수 있어 위 금액을 모두 성실히 납부하였다. 하지만 2020. 2. 18. 고용노동부에 문의한 결과, 이 사건 처분으로 인한 불이익은 여기서 그치지 않고, 다음과 같이 더 막대한 불이익이 추가적으로 발생한다는 사실을 알게 되었다. - 고용보험법 제70조 및 같은 법 시행령 제95조제4항에 따라, 육아휴직 급여 사후지급은 육아휴직 급여의 100분의 25에 해당하는 금액을 육아휴직 종료 후 해당 사업장에 복직하여 6개월 이상 계속 근무할 경우에 합산하여 지급되나, 청구인의 경우 육아휴직 급여를 부정수급한 사실이 있으므로 기타 지급이 모두 제한된다. 이에 청구인은 2020. 5. 5. 원처분이 부당하다며 고용

보험심사관에게 심사청구를 제기하였으나, 2020. 6. 24. 기각결정 되었음을 알고 2020. 8. 12. 고용보험심사위원회에 재심사청구를 제기하였다.

2. 청구인 주장

청구인은, 피청구인이 청구인에게 행한 육아휴직 급여 지급제한, 반환명령 및 추가징수 처분에 대하여 부당성 및 위법성을 다음과 같이 주장한다.

가. 육아휴직 급여 신청 당시 조기복직 사실을 신고하지 못한 제반 사정

1) 청구인은 육아휴직 중 2019년 12월 및 2020년 3월에 다른 중요한 가정사가 있어서 일단 복직을 하고 마지막 1개월의 육아휴직 사용은 보류하는 것이 좋을 것으로 생각하여 2019. 9. 27. 이 사건 사업장에 조기복직신청을 하였고, 청구인이 2019. 9. 30.부터 근무를 시작한 지 며칠 안 되어 모친의 건강이 2019년 6월에 받았던 암 수술로 인해 급격히 악화되었다.

2) 이에 청구인은 2019. 10. 7. 이 사건 사업장에 마지막 남은 1개월(2019. 10. 7.~2019. 11. 5.)의 육아휴직을 갑자기 신청하게 되었다. 이와 같이, 청구인은 11개월간 육아휴직을 하다가 2019. 9. 30. 조기복직을 한 후 피치 못할 개인 사정으로 4일만 근무하다가 마지막 1개월의 육아휴직을 사용하게 되었고, 이 모든 과정은 이 사건 사업장의 승인하에 정상적으로 이루어졌다. 이후 2019. 11. 5.까지 육아휴직을 하고 2019. 11. 6. 복직하였다.

3) 하지만 청구인이 2019. 11. 3. 피청구인에게 마지막 1개월분의 육아 휴직 급여를 신청하면서 신청기간을 2019. 10. 7.~2019. 11. 5.이 아 닌 며칠 앞당겨진 2019. 9. 30.~2019. 10. 29.로 신고하면서 문제가 발생하였다. 청구인은 신청 당시 모친을 돌보느라 정신이 없었고, 복직 후 4일 만에 다시 육아휴직을 하여, 피청구인에게 육아휴직 급 여 신청을 하면서 복직한 사실과 신청기간을 2019. 10. 7.~2019. 11. 5.로 수정하여야함을 미처 생각하지 못하였다. 즉, 청구인은 복직 직 전 11개월분 신청서의 지급대상기간 2019. 8. 30.~2019. 9. 29.에 이 어서 그대로 2019. 9. 30.~2019. 10. 29.로 작성하였고, 복직기간도 기재하지 못하였다.

나. 청구인의 심사청구 요지와 관련 심리되지 않은 부당성 및 법리적 오해

1) 대법원은 고용보험법 제73조제4항의 '거짓이나 그 밖의 부정한 방법' 이 인정되기 위해서는 '허위, 기만, 은폐 등 사회통념상 부정이라고 인정되는 행위'라는 엄격한 요건을 충족하여야 하고, 이는 '단순히 요 건이 갖추어지지 아니하였음에도 급여를 수령한 경우까지 이에 해 당한다고 볼 수는 없다.'고 판시하고 있다(대법원 2015두51651 판결, 2017. 8. 23. 선고). 즉 '거짓이나 그 밖의 부정한 방법'으로 인정되기 위하여는 단순히 형식적 요건을 결여한 것만으로는 부족하고, 실제로 육아휴직 상태가 아님에도 거짓으로 육아휴직 급여를 신청하는 등 육 아휴직 급여의 실질적 요건도 결여하여 '사회통념상 부정이라고 인정 되는 행위'가 있어야 한다. 이에 이 사건 결정은 청구인의 제반사정을 전혀 고려하지 아니하고 청구인이 육아휴직 기간을 잘못 기재하고 조

기복직을 미신고하는 형식적 요건을 결여했다는 사실만으로 청구인의 행위가 '허위, 기만, 은혜 등 사회통념상 부정이라고 인정되는 행위'라는 엄격한 요건을 충족하였는지 여부는 판단하지 않았다.

2) 이 사건 결정에서 청구인이 '육아휴직 기간을 정확하게 알고 있었으므로 이를 마지막에 단순 착오로 잘못 신청한 것이라고 볼 수 없다.'고 판단한 내용은 논리적으로 잘못된 판단이다. 청구인이 제대로 육아휴직 기간 및 복직 사실을 기재만 하였더라면 아무 문제 없이 정당하게 수령할 수 있는 육아휴직 급여였다는 사실에 비추어보면, 청구인이 어떠한 부당한 이익을 취하기 위하여 의도적으로 거짓 신고를 한 것이 아니라 단순히 착오로 잘못 신청한 것이었다고 봄이 상식적이고 논리적이다. 더군다나 청구인은 당시 실제 육아휴직을 정상적으로 한 상태였고, 기간만 다르게 기재한 것을 허위나 거짓신고라고 할 수 없다.

다. 피청구인의 재량권을 일탈·남용하여 내려진 위법한 처분 및 과도한 행정적 제재

1) 청구인은 실질적으로 2019. 10. 7.~2019. 11. 5. 정상적으로 육아휴직을 마친 상태였음에도, 형식적 실수로 4일의 복직기간을 신고하지 않아 정당하게 받을 수 있었던 1개월의 육아휴직 급여를 모두 반환하고 추가징수금까지 지급하라는 이 사건 처분이 부당하나, 미납부 시 강제징수 당할 수 있어 위 금액을 모두 성실히 납부하였다. 하지만 2020. 2. 18. 고용노동부에 문의한 결과, 이 사건 처분으로 인한 불이익은 여기서 그치지 않고, 다음과 같이 더 막대한 불이익이 추가적으로 발생한다는 사실을 알게 되었다. - 고용보험법 제70조 및 같

은 법 시행령 제95조제4항에 따라, 육아휴직 급여 사후지급은 육아휴직 급여의 100분의 25에 해당하는 금액을 육아휴직 종료 후 해당 사업장에 복직하여 6개월 이상 계속 근무할 경우에 합산하여 지급되나, 청구인의 경우 육아휴직 급여를 부정수급한 사실이 있으므로 고용보험법 제73조제4항에 따라 지급되어야 할 육아휴직 급여 사후지급분(3,375,000원)이 지급되지 않는다. - 청구인은 조기복직 미신고로 부정수급 처분을 받았기 때문에, 육아휴직 및 육아기 근로시간 단축 잔여기간(도합 1년이나 부정수급 처분시 모두 사용한 것으로 소멸됨)이 남아 있지 않게 되므로 육아기 근로시간 단축 급여(5,203,350원 상당)는 신청할 수 없다.

2) 고용보험법 제62조제1항에서는 '직업안정기관의 장은 거짓이나 그 밖의 부정한 방법으로 구직급여를 지급받은 자에게 지급받은 전체 구직급여의 전부 또는 일부의 반환을 명할 수 있고, 이에 추가하여 고용노동부령으로 정하는 기준에 따라 그 거짓이나 그 밖의 부정한 방법으로 지급받은 구직급여액에 상당하는 액수 이하의 금액을 징수할 수 있다.'고 규정하고 있는바, 반환명령 및 추가징수는 행정청의 재량행위로서, 고용보험법 제73조제4항이 적용된다고 할지라도 반드시 내려야 하는 처분이 아니라 할 것이다. 특히, 이 사건 처분으로 인하여 청구인이 입게 된 금전적 불이익이 훨씬 더 중대하다는 점이 명백하다.

3) 즉, 청구인의 행위가 고용보험법 제73조제4항의 '거짓이나 그 밖의 부정한 방법으로 육아휴직 급여를 받은 경우'에 해당한다고 가정해보더라도, 이 사건으로 입는 청구인의 침해가 달성하고자 하는 공익보다 더 중대한 경우에 있어서는, 청구인의 행위로 인하여 침해된 공익은

경미하거나 전혀 없다고 봄이 타당하고, 청구인이 4일 동안의 복직 사실을 미신고한 행위와 피청구인이 이에 대한 제재적 수단으로 약 1,000만 원 상당[부정수급에 따른 반환금(144만 원)+사후지급분(337만 원)+육아기 근로시간 단축급여(520만 원)]의 청구인이 입게된 금전적 불이익이 훨씬 더 중대하다는 점이 명백하다. 따라서 피청구인이 청구인에게 부과한 이 사건 처분을 비교·형량하여 보고, 제반사정을 종합적으로 고려해봤을 때, 이 사건 처분은 재량권 일탈·남용한 위법한 처분이다.

라. 고용보험법 제73조제5항 및 고용보험법 시행규칙 제118조의2에서 정하고 있는 제재처분 기준 위반

1) 고용보험법 제73조제5항에서는, '제70조제3항을 위반하여 육아휴직 기간 중 취업한 사실을 기재하지 아니하거나 거짓으로 기재하여 육아휴직 급여를 받았거나 받으려 한 사람에 대해서는 위반횟수 등을 고려하여 고용노동부령으로 정하는 바에 따라 지급이 제한되는 육아휴직 급여의 범위를 달리 정할 수 있다.'고 규정하고 있어, 청구인의 경우와 같이 취업(복직)사실을 잘못 신고한 경우에 있어서는 지급제한의 범위를 다르게 정하도록 규정하고 있다. 이에 의하면 1회 취업(복직)사실 미신고로 행정청이 재량권을 행사하여 고용보험법 제73조제5항1), 제74조(제62조)따라 육아휴직 급여 지급제한(반환명령 및 추가징수)의 처분을 내릴 경우, 해당 취업한 기간 동안에 해당하는 육아휴직 급여만 제한 및 반환명령을 할 수 있도록 정하고 있고, 최소 2회 이상 미신고한 법 위반행위가 있었던 경우에서만 그 미신고 사실이 있었던 1개월 분 이상의 급여를 제한 및 반환명령을 할 수 있다.

2) 이 사건 처분에서 청구인의 복직한 사실을 미신고한 것은 처음이므로 피청구인은 위 법 시행규칙 제118조의2 제1호에 따라 청구인이 복직하여 근무했던 4일 동안의 육아휴직 급여분에 대해서만 제한, 반환명령 및 추가징수를 할 수 있다. 그러나 피청구인은 부당하게 2019. 9. 30.~2019. 10. 29. 육아휴직 급여 1개월분 전액(90만 원)의 지급제한 및 반환과 추가징수(54만 원)도 명하여 1) 제73조(육아휴직 급여의 지급 제한 등) ⑤ 제4항 본문에도 불구하고 제70조제3항을 위반하여 육아휴직 기간 중 취업한 사실을 기재하지 아니하거나 거짓으로 기재하여 육아휴직 급여를 받았거나 받으려 한 사람에 대해서는 위반 횟수 등을 고려하여 고용노동부령으로 정하는 바에 따라 지급이 제한되는 육아휴직 급여의 범위를 달리 정할 수 있다. 2) [고용보험법시행규칙] 제119조(육아휴직등 급여의 부정행위에 따른 추가징수 등) 법 제62조제1항 및 제74조에 따른 육아휴직등 급여의 부정수급으로 인한 추가징수에 관하여는 제105조를 준용하되, 같은 조 제1항제1호 및 제2항제2호는 제외한다. 총 144만 원의 반환을 명하는 부당한 처분을 내렸다. 3) 추가로 피청구인은 고용보험법 시행규칙 제118조의2 제3호의 '3회 위반'의 경우에서나 내릴 수 있는 그 이후 육아휴직 급여 사후지급분(3,375,000원) 및 육아기 근로시간 단축 급여(5,203,350원)의 지급도 제한하는 등 총 약 860만 원 상당의 금전적 불이익도 청구인에게 부과하였다. [고용보험법 시행규칙 제118조의2] 제105조(부정행위에 따른 추가징수 등) ① 법 제62조제1항에 따른 추가징수액은 거짓이나 그 밖의 부정한 방법에 따라 지급받은 구직급여액의 100분의 100으로 하되, 다음 각 호의 어느 하나에 해당하는 경우에는 거짓

이나 그 밖의 부정한 방법에 따라 지급받은 구직급여액에 다음 각 호의 구분에 따른 비율을 곱한 금액으로 한다.

1. 최종 이직 당시 일용근로자였던 사람으로서 법 제40조제1항제5호 가목에 따른 근로일수를 3일 이내로 초과한 경우: 100분의 30

2. 최종 이직 당시 건설일용근로자(「통계법」 제22조제1항에 따라 통계청장이 고시하는 한국표준산업분류의 대분류상 건설업에 종사한 사람을 말한다)로서 법 제40조제1항제5호 나목에 따른 연속하여 근로내역이 없어야 하는 14일 기간 중에 실제 근로한 날이 3일 이내인 경우 : 100분의 30

3. 제1호 또는 제2호에 해당하지 않는 경우로서 부정행위 조사에 성실히 응하고, 부정수급액의 즉시 납부를 서면으로 확약한 경우 : 100분의 60 ② 제1항에도 불구하고 다음 각 호의 어느 하나에 해당하는 사람에 대하여는 추가징수를 면제할 수 있다.

1. 부정행위자 본인이나 사업장에 대한 조사 전까지 부정행위를 자진신고한 사람

2. 영 제80조 각 호의 어느 하나의 사유에 해당하는 사람(1회의 부정행위로 한정한다) 제118조의2(육아휴직등 기간 중 취업사실 미기재 등에 따른 지급제한 범위) 법 제73조 제5항 또는 제74조에 따라 육아휴직 또는 육아기 근로시간 단축(이하 이 조에서 "육아휴직등"이라 한다) 기간 중 취업한 사실을 적지 않거나 거짓으로 적은 경우 지급이 제한되는 육아휴직등 급여의 범위는 다음 각 호에 따른다.

1. 육아휴직등 기간 중 취업한 사실을 적지 않거나 거짓으로 적은 것

이 1회인 경우 : 해당 취업한 기간 동안에 해당하는 육아휴직 등 급여

2. 육아휴직 등 기간 중 취업한 사실을 적지 않거나 거짓으로 적은 것이 2회인 경우 : 두 번째 취업한 사실이 있는 월의 육아휴직 등 급여

3. 육아휴직 등 기간 중 취업한 사실을 적지 않거나 거짓으로 적은 것이 3회인 경우 : 세 번째 취업한 사실을 적지 않거나 거짓으로 적어 육아휴직등 급여를 지급받았거나 지급받으려고 한 날 이후의 모든 육아휴직 등 급여

3. 피청구인 주장

피청구인이 청구인에게 행한 육아휴직 급여 지급 제한, 반환명령 및 추가징수 처분은 법에 의거한 적법한 처분이라며 다음과 같이 주장한다. 따라서, 만약 법이 청구인의 기본권을 침해한다고 주장한다면 심사청구 외의 수단을 강구해야 할 것이다.

4. 관계 법령

고용보험법 제62조, 제70조, 제73조, 제74조

고용보험법 시행령 제80조, 제95조, 제96조, 제97조, 제98조

고용보험법 시행규칙 제104조, 제105조, 제116조, 제118조, 제118조의2, 제119조

남녀고용평등과 일·가정 양립 지원에 관한 법률 제19조

5. 인정사실

가. 위 '1. 사건 개요'의 '가' 내지 '다'의 기재 내용과 같다.

나. 청구인은 2018. 8. 29. 자녀를 출산하였고, 2018. 10. 30.~2019. 10. 29. 총 12개월을 신청하여 사업주로부터 동 신청기간에 대한 육아휴직을 부여받았다.

다. 청구인은 2019. 9. 27. 이 사건 사업장에 2019. 9. 30. 자 '복직원'을 제출하고 2019. 9. 30. 복직하였다. 이후 2019. 10. 7. 이 사건 사업장에 제출된 청구인의 '휴직원'에 의하면 휴직 기간은 '2019. 10. 7.~2019. 11. 5.'로, 휴직사유는 '육아휴직을 종료하고 9월 30일 부로 복직하였으나, 육아를 포함한 가정상의 부득이한 사유로 인하여 남은 육아휴직 기간을 소진하고자 함'이라고 기재되어 있고 이 사건 사업장 소속장이 결재 날인하였다.

라. 청구인이 2018. 10. 30.부터 2019. 10. 29.까지의 육아휴직에 대한 제12차 (신청일 2019. 11. 3.) 육아휴직 급여 신청서에는 급여 신청기간이 '2019. 9. 30.~2019. 10. 29. (30일)'로 기재되어 있고, 확인사항으로 '급여 신청기간 중에 조기복직, 퇴사, 창업, 다른 사업장에 취직, 창업한 사실이 있습니까?'란 문항에 '아니오'로 기재하였으며, 별도 조기복직일을 신고한 내역은 확인되지 않는다.

마. 청구인이 조기복직으로 분할하여 사용한 2차 육아휴직 기간은 2019. 10. 7.부터 2019. 11. 5.(1개월)까지로, 각각의 육아휴직 사용기간을 합산한 기간은 총 12개월이고, 청구인이 피청구인 측 고용센터에 신청하여 지급받은 육아휴직 급여는 다음과 같다.

2018. 12. 11. 2018. 10. 30.~2018. 11. 29. 2018. 12. 18. 1,125,000

2019. 1. 4. 2018. 11. 30.~2018. 12. 29. 2019. 1. 11. 1,125,000

2019. 2. 7. 2018. 12. 30.~2019. 1. 29. 2019. 2. 13. 1,125,000

2019. 3. 5. 2019. 1. 30.~2019. 2. 28. 2019. 3. 12. 900,000

2019. 4. 1. 2019. 3. 1.~2019. 3. 29. 2019. 4. 5. 900,000

2019. 5. 7. 2019. 3. 30.~2019. 4. 29. 2019. 5. 14. 900,000

2019. 6. 5. 2019. 4. 30.~2019. 5. 29. 2019. 6. 13. 900,000

2019. 7. 2. 2019. 5. 30.~2019. 6. 29. 2019. 7. 9. 900,000

2019. 8. 4. 2019. 6. 30.~2019. 7. 29. 2019. 8. 8. 900,000

2019. 9. 5. 2019. 7. 30.~2019. 8. 29. 2019. 9. 11. 900,000

2019. 10. 7. 2019. 8. 30.~2019. 9. 29. 2019. 10. 11. 900,000

2019. 11. 3. 2019. 9. 30.~2019. 10. 29. 2019. 11. 6. 900,000

바. 피청구인은 청구인의 조기복직 미신고로 지급된 제12차 육아휴직 급여에 대하여 2019. 12. 18. 부정수급 조사에 착수하여 '청구인이 최초 신고한 육아휴직 기간 중 2019. 9. 30. 이 사건 사업장에 조기복직하였으나, 해당 육아휴직 급여 신청일인 2019. 11. 3. 이를 신고하지 않고 육아휴직 급여 900,000원을 부정수급하였음'을 이유로 다음과 같이 청구인에게 2020. 2. 11. 육아휴직 급여 지급제한, 반환명령 및 추가징수 결정 통지하였다.

해당 회차(신청일) 지급 제한 기간 부정하게 지급받은 금액 추가징수액(부정수급액의 100분의 100)

지급 중지일 이후 지급액 납부할 금액 반환 내용 및 사유 제12차 (2019. 11. 3.) 2019. 9. 30.~10. 29. 900,000원

540,000원*일시 납부 확약으로 40% 감면-1,440,000원

사. 청구인이 2019. 11. 6. 자 이 사건 사업장에 제출한 복직원에는

2019. 11. 6. 육아휴직을 종료하여 복직한다는 내용이 기재되어 있고, 청구인은 실제 2019. 11. 6. 자 복직하여 이 사건 사업장 소속으로 현재까지 재직 중이다.

6. 이 사건 처분의 위법·부당 여부

가. 관계 법령 등의 내용

1) 고용보험법 제70조제1항은 "고용노동부장관은 남녀고용평등과 일·가정 양립 지원에 관한 법률 제19조에 따른 육아휴직을 30일(근로기준법 제74조에 따른 출산전후휴가 기간 90일과 중복되는 기간은 제외한다) 이상 부여받은 피보험자 중 다음 각 호의 요건을 모두 갖춘 피보험자에게 육아휴직 급여를 지급한다."라고 규정하고 있다. 한편, 고용보험법 제62조제1항은 "직업안정기관의 장은 거짓이나 그 밖의 부정한 방법으로 구직급여를 지급받은 자에게 지급받은 전체 구직급여의 전부 또는 일부의 반환을 명할 수 있고, 이에 추가하여 고용노동부령이 정하는 기준에 따라 그 거짓이나 그 밖의 부정한 방법으로 지급받은 구직급여액에 상당하는 액수 이하의 금액을 징수할 수 있다."라고, 법 제72조제1항은 "피보험자가 육아휴직 급여 기간 중에 이직 또는 새로 취업(취직한 경우 1주간의 소정근로시간이 15시간 미만인 경우는 제외한다. 이하 이 장에서 같다)하거나 사업주로부터 금품을 지급받은 경우에는 그 사실을 직업안정기관의 장에게 신고하여야 한다."라고, 제2항은 "직업안정기관의 장은 필요하다고 인정하면 육아휴직 급여 기간 중의 이직, 취업 여부 등에 대하여 조사할 수 있다."라고, 법 제73조제1항은 "피보험자가 육아휴직 급여 기간 중에 그 사업

에서 이직하거나 새로 취업한 경우에는 그 이직 또는 취업하였을 때부터 육아휴직 급여를 지급하지 아니한다."라고, 제3항은 "거짓이나 그 밖의 부정한 방법으로 육아휴직 급여를 받았거나 받으려 한 자에게는 그 급여를 받은 날 또는 받으려 한 날부터의 육아휴직 급여를 지급하지 아니한다."라고, 법 제74조제1항은 "육아휴직 급여에 관하여는 제62조를 준용한다. 이 경우 '구직급여'는 '육아휴직 급여'로 본다." 라고 각각 규정하고 있다. 그리고 고용보험법 시행규칙 제105조제1항은 실업급여 부정수급에 대한 추가징수에 대해 규정하고 있는데, 시행규칙 제119조는 육아휴직 급여의 부정수급으로 인한 추가징수에 있어 제105조를 준용하도록 하고 있다.

2) 남녀고용평등과 일·가정 양립 지원에 관한 법률 제19조제1항은 "사업주는 근로자가 만 8세 이하 또는 초등학교 2학년 이하의 자녀를 양육하기 위하여 휴직을 신청하는 경우에 이를 허용하여야 한다."라고, 같은 조 제2항은 "육아휴직의 기간은 1년 이내로 한다."라고 규정하고 있다.

3) 고용노동부의 모성보호와 일·가정 양립지원 업무편람(2019. 10월, 293~295p)에서는 모성보호급여와 관련 부정수급의 개념에 대하여 '모성보호급여에 대한 부정수급은 거짓 그 밖의 부정한 방법으로 출산전후휴가 급여, 유산·사산휴가 급여, 육아휴직 급여, 육아기 근로시간 단축 급여(이하 '모성보호급여'라 함)를 지급받았거나 받으려 한 것을 말한다.'라고 규정(고용보험법 제73조제3항 전단 참조) 하면서,
- 여기서 '거짓 그 밖의 부정한 방법'이란 실제 사실에 적합하지 않도록 왜곡하거나 사실을 왜곡할 목적으로 은폐하는 등의 행위를 말하

며, - 사기, 협박, 뇌물 등과 같이 형법상의 구성요건에 해당하는 행위는 물론이고, 형법상 범죄를 구성하지 않는 행위 유형을 통한 방법도 포함되며, - 위반자의 고의·과실이 있어야 하는 것은 아니나, 의무 위반을 탓할 수 없는 정당한 사유가 있는 경우에는 부정행위로 보지 아니한다. 따라서 사실과 다른 신고를 한 경우 기본적으로는 '부정행위'로 보아 행정제재를 하되, 수급자가 그러한 행위에 정당한 사유가 있음을 객관적으로 입증한 경우에는 부정행위로 보지 않는다고 명시하고 있다. 또한, 모성보호급여에 있어 부정수급 방지의 보호법익은 재정 및 고용보험기금의 건전한 운영에 있음을 운영취지로 밝히면서, "거짓 그 밖의 부정한 방법이 사용되었더라도, 그러한 방법에 의하지 않고도 신청내용과 같은 결과를 얻을 수 있는 경우라면 부정수급으로 볼 수 없다. 예를 들면 출산전후휴가 급여를 신청하면서 통상임금이 150만 원임에도 200만 원이라고 신고하고 급여대장 등을 허위로 작성하여 제출한 경우, 어차피 지원한도액인 135만 원까지 지급받을 수 있는 것이므로 부정한 방법이 사용되었지만 부정수급 처분대상은 아니다(이유 : 지급받을 권리에 영향을 미치지 않음). 이와 같이 부정행위 자체에 대한 처벌이 목적이 아니라 재정 및 고용보험기금의 건전한 운영을 보호하고자 함이 목적이므로, 결과적으로 부정행위를 통하여 편취할 수 있는 부정수급금액이 없다면, 재원의 안정성에 끼치는 영향이 없으므로 부정수급처분 대상으로 볼 수 없는 것임"이라고 해석하고 있다.

4) 판례는 "고용보험법 제73조제3항 및 제74조제1항, 제62조제1항이 정하고 있는 육아휴직 급여의 지급제한, 반환명령 및 추가징수 요건으

로서 거짓이나 그 밖의 부정한 방법이란 육아휴직 급여를 지급받을 수 없음에도 지급받을 자격을 가장하거나 지급받을 자격이 없다는 점을 감추기 위하여 행하는 일체의 부정행위로서 육아휴직 급여 지급에 관한 의사결정에 영향을 미칠 수 있는 적극적 및 소극적 행위를 뜻한다고 할 것이다(대법원 2003. 9. 5. 선고 2001두2270 판결 참조). 그런데 거짓이나 그 밖의 부정한 방법으로 육아휴직 급여를 지급받는 자는 침익적 처분인 육아휴직 급여 지급제한, 반환명령 및 추가징수의 대상이 될 뿐 아니라, 고용보험법 제116조제2항에 따라 형사처벌의 대상이 되는 점, 고용보험법 제74조제1항에서 제62조제3항을 준용하여 수급자격자 또는 수급자격이 있었던 자에게 잘못 지급된 육아휴직 급여가 있으면 그 지급금액을 징수할 수 있도록 하는 별도의 반환명령에 관한 규정을 두고 있는 점 등에 비추어 볼 때, 육아휴직 급여가 부정수급에 해당하는지는 엄격하게 해석·적용하여야 한다. 따라서 거짓이나 그 밖의 부정한 방법으로 급여를 지급받은 경우에 해당한다고 보기 위해서는 허위, 기만, 은폐 등 사회통념상 부정이라고 인정되는 행위가 있어야 하고, 단순히 요건이 갖추어지지 아니하였음에도 급여를 수령한 경우까지 이에 해당한다고 볼 수는 없다(대법원 2014. 11. 27. 선고 2014두9266 판결참조, 2017. 8. 23. 선고 2015두51651 판결 참조)."라고 판시하고 있다. 나. 판단이 사건 당사자의 주장을 보면, 청구인은 육아휴직 급여 신청시 조기복직한 이후 다시 육아휴직을 하게 된 사실을 신고하지 못했으나, 부당한 이익을 취하기 위해 의도적으로 거짓신고한 것이 아니라고 주장한다. 반면 피청구인은 청구인이 조기복직하였음에도 부주의로 육아휴직 급여를 거짓으로 신청하였고, 귀책사유가 청구인에게 있음을 이유로 이 사건 처분은 적법·타당하다고 주장한다. 따라서 이 사건의 쟁점은 청구인이 육아휴직 급여 신청시 조기복직한 사실과 실제 사용한 기간을 미신고한 행위를 거짓 그 밖의 부정한 방법으로 보아 피청구인이 청구인에게 행한 육아휴직 급여 지급 제한, 반환명령 및 추가징수 처분이 타당한지에 있다. 우리 위원회는 이 사건의 쟁점에 대하여 관계 법령 등의 내용, 양 당사자의 주장, 관련 자료를 바탕으로 한 위 인정사실 등을 종합한 결과, 청구인이 마지막 12개월차에 사용한 육아휴직 기간에 대한 육아휴직 급여 신청 시 조기복직한 사실과 실제 사용한 기간을 미신고한 행위를 거짓 그 밖의 부정한 방법으로 보아 피청구인이 청구인에게 행한 육아휴직 급여 지급 제한, 반환명령 및 추가징수 처분은 부당하다고 판단하였다. 그렇다면, 우리 위원회가 이 사건 처분이 부당하다고 판단한 구체적 이유는 다음과 같다.

1) 고용노동부는 업무처리지침으로 모성보호급여에 있어 부정수급 방지의 보호법익은 재정 및 고용보험기금의 건전한 운영에 있음을 운영 취지로 밝히면서, "거짓 그 밖의 부정한 방법이 사용되었더라도, 그러한 방법에 의하지 않고도 신청내용과 같은 결과를 얻을 수 있는 경우라면 부정수급으로 볼 수 없다.(모성보호와 일·가정 양립지원 업무편람, 2019. 10월)"라고 행정해석 한 바 있고, 법원은 "거짓이나 그 밖의 부정한 방법으로 급여를 지급받은 경우에 해당한다고 보기 위해서는 허위, 기만, 은폐 등 사회통념상 부정이라고 인정되는 행위가 있어야 한다(대법원 2014. 11. 27. 선고 2014두9266 판결참조, 2017. 8. 23. 선고 2015두51651 판결 참조)."라고 판시한 바 있다.

2) 위와 같은 법리에 비춰볼 때, 위 '5. 인정사실'의 '나'항부터 '사'항까지 보는 바와 같이, 비록 청구인이 2019. 9. 30.에 조기복직하여 실제 사용한 마지막 1개월의 육아휴직 기간이 최초 신고한 2019. 9. 30.~ 2019. 10. 29.이 아닌 2019. 10. 7.~2019. 11. 5.로 변경되었음에도 청구인이 사실과 다르게 육아휴직 급여를 신청한 사실이 있다고 하더라도, ① 육아휴직 제도는 근로자가 육아로 인해 퇴직하는 것을 방지하고, 직장생활과 가정생활을 조화롭게 양립할 수 있도록 하는데 그 목적이 있는 점, ② 청구인이 2019. 10. 7. 제출한 2차 휴직원의 휴직사유는 '육아를 포함한 부득이한 가정상의 이유'인 점, ③ 위 '②항'의 2차 육아휴직신청에 대하여 이 사건 사업주가 결재 날인한 사실이 확인되는 등 사업주의 허가를 받고 남은 1개월의 육아휴직을 사용하였다고 인정되는 점, ③ 청구인이 실제 사용한 육아휴직 기간은 총 12개월이고, 청구인은 2019. 11. 6. 자 이 사건 사업장으로 복직하여 현 재 직 중인 점, ④ 청구인이 2019. 11. 3. 신청하여 지급받은 육아휴직 급여액은 근로기준법에 따라 산정했다는 점,

3) [고용보험법시행령]제95조(육아휴직 급여) ① 법 제70조제1항에 따른 육아휴직 급여는 다음 각 호의 구분에 따라 산정한 금액을 월별 지급액으로 한다. 1. 육아휴직 시작일부터 3개월까지: 육아휴직 시작일을 기준으로 「근로기준법」에 따라 산정한 월 통상임금의 100분의 80에 해당하는 금액. 다만, 해당 금액이 150만 원을 넘는 경우에는 150만 원으로 하고, 해당 금액이 70만 원보다 적은 경우에는 70만 원으로 한다. 2. 육아휴직 4개월째부터 육아휴직 종료일까지: 육아휴직 시작일을 기준으로 「근로기준법」에 따라 산정한 월 통상임금의 100분의 50

에 해당하는 금액. 다만, 해당 금액이 120만 원을 넘는 경우에는 120만 원으로 하고, 해당 금액이 70만 원보다 적은 경우에는 70만 원으로 한다. ② 「남녀고용평등과 일·가정 양립 지원에 관한 법률」 제19조의4제3호에 따라 육아휴직을 분할하여 사용하는 경우에는 각각의 육아휴직 사용기간을 합산한 기간을 제1항에 따른 육아휴직 급여의 지급 대상기간으로 본다. ③ 제1항 및 제3항에 따른 육아휴직 급여의 100분의 75에 해당하는 금액(다음 각 호의 어느 하나에 해당하는 경우에는 각 호의 구분에 따른 금액을 말한다)은 매월 지급하고, 그 나머지 금액은 육아휴직 종료 후 해당 사업장에 복직하여 6개월 이상 계속 근무한 경우(근로계약 기간의 만료로 6개월 이상 계속 근무할 수 없는 기간제근로자에 대해서는 근로계약 기간의 만료로 육아휴직이 종료되거나 사업장 복직 후 근로계약 기간 만료일까지 계속 근무한 경우를 말한다)에 합산하여 일시불로 지급한다. 1. 제1항에 따라 육아휴직 급여를 지급하는 경우로서 육아휴직 급여의 100분의 75에 해당하는 금액이 제1항 각 호에 따른 최소 지급액보다 적은 경우 : 제1항 각 호에 따른 최소지급액

5) 부정수급 조사가 진행되고 있음을 알고 신고하였다면 자진신고가 아니라고 판단한 사례

결정서

○ 사건번호 및 사건명 : 2016-551 실업급여 지급제한, 반환명령 및 추가징수 결정 처분 취소 청구
○ 청구인 : 김○○
○ 피청구인 : 대전지방고용노동청 청주지청장
○ 주문 : 청구인의 청구를 기각한다.
○ 청구취지 : 청구인 김○○(이하 '청구인'이라 한다)는 대전지방고용노동청 청주지청장(이하 '피청구인'이라 한다)이 2016. 6. 16. 청구인에게 행한 실업급여 지급제한, 반환명령 및 추가징수 결정 처분은 부당하므로 동 처분을 취소하는 심사결정을 구한다.

이유

1. 사건 개요

가. 청구인은 □□기계설비(합)가 시공한 세종시 □□초등학교 교사 신축 지열냉난방설비공사, □□건설(주)가 시공한 세종시 □□고등학교 신축 지열공사 현장 등에서 고용보험 일용근로내역 신고된 이력으로 2015. 12. 24. 피청구인에게 고용보험 수급자격 인정 신청을 하여 소정급여일수 90일, 구직급여일액 40,176원,

수급기간 2015. 11. 27.~2016. 3. 29.을 인정받고, 4회에 걸쳐 90일분의 구직급여 3,615,810원을 수급하였다.

나. 피청구인은 "고용노동부-경찰청 합동 실업급여 부정수급 특별단속 계획"에 따라 청구인에 대하여 부정수급 여부를 조사한바, 청구인이 위 '가' 현장에서의 근로사실이 없음에도 허위로 수급자격을 인정받아 구직급여를 수급한 사실을 확인하고, 2016. 6. 16. 실업급여 지급제한, 반환명령 및 추가징수(합계 5,785,290원) 결정 처분하였다.

다. 이에 청구인은 2016. 6. 17. 원처분을 알고 피청구인의 실업급여 지급제한, 반환명령 및 추가징수 결정 처분이 부당하다며 같은 해 7. 11. 위 처분의 취소를 구하는 심사를 청구하였다.

2. 청구인 주장

가. 실제 근로하지 않았음에도 □□산업합자회사(현, □□기계설비(합))에서 120일 가량 고용보험을 신고해 줘서 실업급여를 신청하여 수급한 사실이 있다.

나. 이러한 사실이 부정수급이라는 것을 알게 되었고, 올해 5월 말까지 자진신고를 하게 되면 수급액의 100%만 납부하게 된다는 인터넷 글을 보고 2016. 5. 23. 진주고용센터에 방문하여 자진신고 하였다. 부정수급 조사와 관련하여 전혀 통지를 받은 사실이 없는 시점에서 자진신고 하였기 때문에 실업급여 부정수급 추가징수 처분은 부당하다고 생각되므로 취소되어야 한다.

3. 피청구인 주장

가. 청구인은 브로커와 실업급여를 부정수급하기로 공모하고 브로커에게 개인정보, 통장 등을 전달하여 □□산업합자회사(현 □□기계설비(합))로 하여금 허위의 일용근로내역을 신고하게 하였다.

나. 청구인은 실제 근로한 사실이 없음에도 2015. 12. 24. 구미고용센터에 허위로 수급자격을 신청하여 승인받고 총 4회의 실업인정을 받아 2015. 12. 31.~2016. 3. 29.까지 90일분의 구직급여 3,615,810원을 부정하게 지급받았다.

다. 청구인은 2016. 6. 8. "부정수급 사실은 인정하나 자진신고 했으니 추가징수 처분은 인정하지 못한다."는 내용의 의견제출서를 피청구인에게 제출하였다.

라. 청구인은 2016. 5. 25. 청주청원경찰서에서 조사를 받기 전인 같은 달 23일에 진주지청에 부정수급을 자진신고 했다고 주장하나, 피청구인이 ① 브로커를 통한 조직적인 부정수급을 인지하여 같은 해 3. 7. □□산업합자회사 관련 부정수급 기획조사 계획을 수립한 점, ② 같은 달 8일 청주청원경찰서에 □□산업합자회사 등과 관련한 수사를 의뢰하여 청구인이 자진신고하기 전 사업주 등 조사가 착수된 점, ③ 같은 달 12일 한국고용정보원에서 받은 □□산업합자회사 관련 수급자 명단을 통하여 청구인의 수급사실을 확인한 점, ④ 청구인이 같은 해 5. 25. 경찰 조사 당시 □□산업합자회사로부터 실업급여 부정수급 조사 관련 문자메시지(경찰조사에 협조하지 말라는)를 받았다고 진술한 점 등을 볼 때, 청구인이 자진신고하기 전 피청구인과 청주청원경찰서에서 부정

수급 조사에 착수했으며 수급자 또한 부정수급 조사 사실을 알고 있었다고 보이므로 자진신고에 해당하지 않는다고 판단된다.

마. 따라서, 청구인에게 부정수급액 3,615,810원, 추가징수액 2,169,480원, 합계 5,785,290원 반환결정 등 처분은 정당하므로 청구인의 원처분청에 대한 심사청구는 기각되어야 한다.

4. 쟁점

청구인과 피청구인의 주장이 이러하므로 이 사건의 쟁점은 실제 근로한 사실이 없음에도 근로한 것으로 허위로 고용보험 일용근로내역을 신고하여 수급자격을 인정받아 구직급여를 지급받았음을 이유로 피청구인이 청구인에게 행한 실업급여 지급제한, 반환명령 및 추가징수 처분이 적법·타당한지 여부라고 할 것이다.

5. 심사자료

가. 심사청구서 및 의견진술서

나. 원처분청 의견서

다. 실업급여 지급제한, 반환명령 및 추가징수 결정통지서

라. 실업급여 부정수급 기획조사 계획 보고

마. 피보험자 근로내용 조회

바. 경찰 수사자료(충북청주청원경찰서)

사. 한국고용정보원 회신(부정수급 의심사업장 이직자의 수급 현황)

아. 자진신고서, 의견제출서, 즉시납부 확약서

자. 개인별 급여내역 조회

6. 사실인정 및 판단

가. 관계 법령

1) 「고용보험법」 제40조, 제61조, 제62조

2) 「고용보험법 시행규칙」 제104조, 제105조

나. 관련 사실에 대한 인정

1) 위 1. 사건 개요 '가', '나' 및 '다'의 내용

2) 고용보험전산망 상 "피보험자별 근로내용" 조회 결과, 청구인이 □□ 기계설비(합) 및 □□건설(주)가 시공한 공사 현장에 아래와 같이 근 로내역이 신고되어 있으며, - 청구인은 심사청구 의견제출서를 통해 자신이 아래 현장에서 근로한 사실이 없음에도 □□기계설비(합)이 근로일수 120일 가량을 허위로 신고해 주었다고 진술하였다. 연/월 공사 현장명/원수급 사업장명 근로일수계 144, 2014. 8. 세종시 □□ 초등학교 교사신축 지열냉난방설비공사/□□기계설비(합) 19

2014. 9. 〃 19

2014. 10. 〃 25

2014. 11. 〃 25

2014. 12. 세종시 □□고등학교 신축 지열공사/□□건설(주) 19

2015. 1. 세종시 □□초등학교 교사신축 지열냉난방설비공사/□□기 계설비(합) 18

2015. 5. □□문화예술회관 공연장 난방보강공사/□□기계설비(합) 19
* □□기계설비(합) 〈구, □□산업합자회사〉

3) 2016. 3. 7. 피청구인은 아래와 같이 "2016년 실업급여 부정수급 기획 조사 계획"을 수립하였다.

〈2016년 실업급여 부정수급 기획조사 계획(발췌)〉

추진 배경 : 건설현장 일용근로내역 허위신고를 통한 수급 부정에 브로커 및 고용주 개입 또는 유령법인 등을 이용한 조직적인 부정수급 포착

세부 조사 계획 :

○ 청주청원경찰서와 합동단속 실시

○ 기간 : 2016. 3. 7.~5. 31.

○ 관련 사업장 : □□산업합자회사, □□건설(주) 포함한 8개 사업장

○ 조사 내용 : 피보험자격 신고내용 의심자에 대한 수급자격 적격 여부

4) 2016. 3. 8. 피청구인은 청주청원경찰서장에게 "실업급여 부정수급 의심자 31명 및 위 관련 8개 사업장"에 대하여 수사를 의뢰하였다.

5) 2016. 5. 9. 14:34 □□산업 '유○○'라는 자가 청구인에게 아래 내용의 문자메시지를 보냈다.

〈문자 메시지 내용〉

□□산업 유○○ 정리입니다. 오늘 경찰서에서 세 번 이상 출석 거부하면 체포영장 발부될 수 있다는 문자나 전화를 하고 있습니다. 증거를 찾지 못하니까 출석하라고 협박하는 것이니 걱정하지 마시고 피하시면 됩니다. 걱정되시는 분은 전화 주십시오. 문자는 보시고 삭제바랍니다.

6) 2016. 5. 23. 청구인은 부산지방고용노동청 진주지청에 아래 내용이 기재된 실업급여 부정수급 "자진진고서"를 제출하였다.

〈자진 신고서(발췌)〉

자진신고 내용 : 2014년 8월부터 2015년 5월까지 기간 중 □□기계설

비에서 세종시에 있는 현장에서 19일에서 25일 정도 일한 것으로 신
고되어 있으나 실제로는 4~5일 미만으로 근무를 하였다.

실업인정신청 시 신고를 하지 않은 이유 : 고용보험일수 180일 이상
이 되어 있어서 신청하면 되는 줄 알았다.

자진신고를 하는 이유 : 부정수급에 해당한다는 사실을 늦게 알았다.

7) 2016. 5. 25. 청구인은 충북청주청원경찰서에 출석하여 피의자신문을
받으면서 아래 내용을 진술하였다.

〈피의자 신문조서(발췌)〉

2014년 여름 건설현장에서 만난 일용직 노동자가 "일용직으로 일을
해도 고용보험에서 실업급여를 탈 수 있는데 일정기간 일을 한 내역
이 있어야 한다. 지금까지 일한 날짜가 부족하니까 일을 한 날짜를 만
들어서 실업급여를 탈 수 있게 해 주는 사람이 있고 다른 대가를 원하
지 않으니 위험한 일이 없을 것이다"라며 전화번호를 줬습니다. 잠깐
고민하다가 알려준 전화번호로 전화를 해 보니까 '일을 하지 않고 근
무내역을 만들려면 통장이 필요하다. 생각이 있으면 알려주는 주소
지로 보내 달라'고 했습니다.

(중략)

2014년도에 통장(어느 은행인지 모른다), 도장, 비밀번호를 우편으로
보내줬습니다.

(중략)

□□산업, □□건설에서 일을 한 사실도 전혀 없습니다. 겨울철에 일
이 없어 힘든 상황에서 일을 하지 않고도 실업급여를 받을 수 있는 요
건을 만들어 준다고 하니까 수락을 했던 것입니다. 120일 정도 근무

일수를 만들어 줬습니다.

(중략)

□□산업에서 보낸 문자메시지를 보고 내가 □□산업에 근무한 사실이 없는데 왜 나에게 이런 메시지를 보냈을까 생각을 하고 실업급여와 관련해서 인터넷 검색을 해 보니 부정수급 관련 글이 보여서 자진해서 고용보험에 부정수급 사실을 신고하러 갔고, 청원경찰서 경위 ***이 수사 중에 있다며 출석을 하라고 하여 출석을 한 것입니다.

8) 2016. 6. 8. 청구인은 "부정수급액을 7일 이내에 일시 납부하는 경우 추징수액의 100분의 40을 감면받는다."는 내용이 기재된 '즉시납부 확약서'를 피청구인에게 제출하였다.

9) 2016. 6. 16. 피청구인은 청구인에게 실업급여 지급제한, 반환명령(부정으로 지급받은 금액 3,615,810원) 및 추가징수(2,169,480원, 40% 감면) 결정 통지하였다.

* 추가징수금액이 부정한 방법에 따라 지급받은 구직급여액의 100분의 100(3,615,810원)이나, 청구인이 제출한 위 '즉시납부 확약서'를 반영하여 40% 감면한 2,169,480원으로 결정.

다. 판단

1) 이 사건과 관련되는 법령 규정은 다음과 같다.「고용보험법」제40조제1항제1호에는 "이직일 이전 18개월간 제41조에 따른 피보험 단위기간이 통산하여 180일 이상일 것"을 구직급여의 수급 요건으로 규정하고 있고, 같은 법 제61조제1항에는 "거짓이나 그 밖의 부정한 방법으로 실업급여를 받았거나 받으려 한 자에게는 그 급여를 받은 날 또는 받으려 한 날부터의 구직급여를 지급하지 아니한다."고 규정하고 있

고, 같은 법 제62조제1항에는 "직업안정기관의 장은 거짓이나 그 밖의 부정한 방법으로 구직급여를 지급받은 자에게 지급받은 전체 구직급여의 전부 또는 일부의 반환을 명할 수 있고, 이에 추가하여 고용노동부령이 정하는 기준에 따라 그 거짓이나 그 밖의 부정한 방법으로 지급받은 구직급여액에 상당하는 액수 이하의 금액을 징수할 수 있다."고 규정하고 있고, 같은 법 시행규칙 제104조에는 "직업안정기관의 장은 법 제62조제1항에 따라 거짓이나 그 밖의 부정한 방법으로 구직급여를 지급받은 자에게 다음 각 호의 기준에 따라 반환을 명하여야 한다."고 규정하고, 제1호에 '지급받은 구직급여 전부의 반환을 명할 것'으로 규정하고 있으며, 같은 법 시행규칙 제105조제1항 본문에는 "법 제62조제1항에 따른 추가징수액은 거짓이나 그 밖의 부정한 방법에 따라 지급받은 구직급여액의100분의 100으로 하되, 다음 각 호의 어느 하나에 해당하는 경우에는 거짓이나 그 밖의 부정한 방법에 따라 지급받은 구직급여액에 다음 각 호의 구분에 따른 비율을 곱한 금액으로 한다."고 규정하고, 제2호에 "부정행위 조사에 성실히 응하고, 부정수급액의 즉시 납부를 서면으로 확약한 경우 : 100분의 60"으로, 제2항에는 "제1항에도 불구하고 다음 각 호의 어느 하나에 해당하는 사람에 대하여는 추가징수를 면제할 수 있다."고 규정하고, 제1호에 "부정행위자 본인이나 사업장에 대한 조사 전까지 부정행위를 자진 신고한 자"라고 규정하고 있다.

2) 이러한 법령의 규정과 위 나. 관련 사실에 대한 인정을 종합하여 피청구인의 처분이 적법·타당하였는지 판단한다. 청구인은 □□기계설비(합) 및 □□건설(주)가 시공한 현장에서 실제 근로하지 않았음에도

근로한 것처럼 근로내용을 허위 신고하여 실업급여를 부정수급한 사실은 인정하면서도, 피청구인으로부터 부정수급 조사와 관련하여 통보받지 않은 시점에서 자진신고 하였다면서 추가징수 처분이 부당하다고 주장하고 있다.

"자진신고"란 직업안정기관에서 부정행위에 대한 조사에 '착수하기 전'에 부정수급 한 사실을 스스로 직업안정기관의 장에게 신고하는 것을 말하는 것이며, '조사에 착수하기 전'이란 수급자와 사업주 등에게 송부한 부정행위 여부 조사를 위한 통지가 도달하기 전을 말하며, 예외적으로 조사에 착수한 경우라도 동 조사 사실을 모르는 상태에서 신고한 경우는 자진신고 한 것으로 인정될 수 있는바, ① 피청구인이 브로커를 통한 조직적인 실업급여 부정수급을 인지하고 2016. 3. 7. "실업급여 부정수급 기획조사 계획"을 수립하고 같은 달 8일 청주청원경찰서에 청구인과 공모한 □□기계설비(주)와 □□건설(주)를 포함한 8개 사업장에 대하여 수사를 의뢰함으로써 고용부-경찰청 합동으로 실업급여 부정수급 조사에 착수한 점, ② 청주청원경찰서가 수급자격자 등에게 문자메시지와 전화 등의 방법으로 출석요구를 통보하자 □□기계설비(합) '유○○'가 같은 해 5. 9. 허위 수급자격자들에게 "출석요구 등 경찰 조사를 회피하라"는 취지의 문자메시지를 보낸 점, ③ 청구인도 청주청원경찰서에서 피의자 신문을 받으면서 동 문자메시지를 받았다고 진술한 점으로 보아 적어도 문자메시지를 받은 날(5. 9.) 부정수급 조사가 진행된다는 사실을 알고 있었을 것으로 보이는 점 등을 종합해 볼 때, 청구인이 부정수급 조사 사실을 인지한 상태에서 같은 달 23일에 뒤늦게 자진신고서를 제출한 것이므로 "자진신고"로 인정되지 않는다 할 것이다. 따라서, 피청구인이 자진신고로 인정하지 아니하고 청구인에 대해 행한 실업급여 지급제한, 반환 명령 및 추가징수 결정 처분은 적법·타당하다고 판단된다.

이관수 노무사 TIP

노동부 부정수급 관련 조사가 착수가 된다면 기본적으로 자진신고를 수리하지 않습니다. 따라서 노동부 공문 발송을 받았거나, 전화통화를 통하여 출석요구 및 자료제출을 요구받았다면 자진신고서를 작성하는 것은 적절치 않으며, 자진신고서에 대하여도 행정처분에 대한 추가징수금을 면제해 주고 있으나, 사업주 또는 브로커를 통한 공모형 부정수급인 경우에는 형사처분에 대하여는 부정수급에 대한 고용보험법 위반혐의 등으로 검찰송치가 되므로 주의를 기울여야 합니다.

---

7. 결론

그렇다면 청구인의 이 사건 청구는 이유가 없다고 할 것이므로 청구인의 청구를 기각하기로 하여 「고용보험법」 제96조의 규정에 따라 주문과 같이 결정한다.

2016년 10월 5일

고용보험심사위원회

2. 주요 관계 법령

1) 고용보험법 제116조 (벌칙)

① 사업주와 공모하여 거짓이나 그 밖의 부정한 방법으로 다음 각 호에 따른 지원금 또는 급여를 받은 자와 공모한 사업주는 각각 5년 이하의 징역 또는 5천만 원 이하의 벌금에 처한다. 〈개정 2020. 6. 9., 2021. 1. 5.〉

1. 제3장에 따른 고용안정·직업능력개발 사업의 지원금
2. 제4장에 따른 실업급여
3. 제5장에 따른 육아휴직 급여, 육아기 근로시간 단축 급여 및 출산전후휴가 급여등
4. 제5장의2 및 제5장의3에 따른 구직급여 및 출산전후급여등

② 다음 각 호의 어느 하나에 해당하는 자는 3년 이하의 징역 또는 3천만 원 이하의 벌금에 처한다. 〈개정 2020. 6. 9., 2021. 1. 5., 2022. 12. 31.〉

1. 제105조(제77조의5제3항·제4항 및 제77조의10제3항·제4항에서 준용하는 경우를 포함한다)를 위반하여 근로자를 해고하거나 그 밖에 근로자에게 불이익한 처우를 한 사업주

2. 거짓이나 그 밖의 부정한 방법으로 제1항 각 호에 따른 지원금 또는 급여를 받은 자. 다만, 제1항에 해당하는 경우는 제외한다.
[전문개정 2019. 8. 27.]

2) 고용보험법 시행규칙 제92조 (취업의 인정 기준)

법 제47조에 따라 수급자격자가 다음 각 호의 어느 하나에 해당하는 경우에는 취업한 것으로 본다. 〈개정 2010. 7. 12., 2013. 1. 25., 2018. 12. 31., 2019. 12. 31., 2020. 12. 10., 2021. 7. 1., 2023. 6. 30.〉

1. 1개월간의 소정근로시간을 60시간 이상(1주간의 소정근로시간을 15시간 이상으로 정하는 경우를 포함한다)으로 정하고 근로를 제공하는 경우

2. 3개월 이상 계속하여 근로를 제공하는 경우

3. 일용근로자로서 근로를 제공하거나 단기예술인 또는 단기노무제공자로서 노무를 제공하는 경우

4. 근로 제공의 대가로 임금 등 어떠한 명칭으로든지 법 제46조에 따른 구직급여일액 이상을 수령하는 경우

5. 문화예술용역 관련 계약으로서 영 제104조의5제2항제1호에 따른 월평균소득이 50만 원 이상인 문화예술용역 관련 계약을 새로 체결하여 노무를 제공하는 경우

6. 노무제공계약으로서 영 제104조의11제2항제1호에 따른 월보수액

이 80만 원 이상인 노무제공계약을 새로 체결하여 노무를 제공하는 경우

7. 상업·농업 등 가업에 종사(무급 가사종사자를 포함한다)하거나 다른 사람의 사업에 참여하여 근로를 제공함으로써 다른 사업에 상시 취직하기가 곤란하다고 인정되는 경우

8. 「소득세법」, 「부가가치세법」 또는 「법인세법」에 따라 사업자등록을 한 경우(사업자등록을 한 경우라도 휴업신고를 하는 등 실제 사업을 하지 아니하였음을 증명한 경우와 부동산임대업 중 근로자를 고용하지 아니하고 임대사무실도 두지 아니한 경우는 제외)

9. 그 밖에 사회통념상 취업을 하였다고 인정되는 경우

3) 고용보험법 제58조 (이직 사유에 따른 수급자격의 제한)

제40조에도 불구하고 피보험자가 다음 각 호의 어느 하나에 해당한다고 직업안정기관의 장이 인정하는 경우에는 수급자격이 없는 것으로 본다. 〈개정 2010. 6. 4.〉

1. 중대한 귀책사유(귀책사유)로 해고된 피보험자로서 다음 각 목의 어느 하나에 해당하는 경우

    가. 「형법」 또는 직무와 관련된 법률을 위반하여 금고 이상의 형을 선고받은 경우
    나. 사업에 막대한 지장을 초래하거나 재산상 손해를 끼친 경우로서 고용노동부령으로 정하는 기준에 해당하는 경우
    다. 정당한 사유 없이 근로계약 또는 취업규칙 등을 위반하여 장기간 무단 결근한 경우

2. 자기 사정으로 이직한 피보험자로서 다음 각 목의 어느 하나에 해당하는 경우

    가. 전직 또는 자영업을 하기 위하여 이직한 경우
    나. 제1호의 중대한 귀책사유가 있는 자가 해고되지 아니하고 사업주의 권고로 이직한 경우
    다. 그 밖에 고용노동부령으로 정하는 정당한 사유에 해당하지 아니하는 사유로 이직한 경우

4) 고용보험법 시행령 제19조 (고용유지지원금의 지급 대상)

① 고용노동부장관은 법 제21조제1항에 따라 고용조정이 불가피하게 된 사업주가 그 사업에서 고용하여 피보험자격 취득 후 90일이 지난 피보험자[일용근로자, 「근로기준법」 제26조에 따라 해고가 예고된 사람, 경영상 이유에 따른 사업주의 권고에 따라 퇴직이 예정된 사람 및 사업주(사업주가 법인인 경우에는 그 대표자를 말한다)의 배우자 및 직계존속·비속은 제외한다. 이하 이 조, 제21조, 제21조의3, 제21조의4, 제22조, 제22조의2, 제35조제8호 및 제37조의3에서 같다]에게 다음 각 호의 어느 하나에 해당하는 조치(이하 "고용유지조치"라 한다)를 취하여 그 고용유지조치 기간과 이후 1개월 동안 고용조정으로 피보험자를 이직시키지 않은 경우에 지원금(이하 "고용유지지원금"이라 한다)을 지급한다. 〈개정 2008. 4. 30., 2009. 3. 12., 2009. 5. 28., 2010. 2. 8., 2010. 7. 12., 2010. 12. 31., 2013. 4. 22., 2013. 12. 24., 2017. 12. 26., 2020. 12. 29., 2023. 12. 26.〉

  1. 근로시간 조정, 교대제[근로자를 조(組)별로 나누어 교대로 근무하게 하는 것을 말한다. 이하 같다] 개편 또는 휴업 등을 통하여 역(曆)에 따른 1개월 단위의 전체 피보험자 총근로시간의 100분의 20을 초과하여 근로시간을 단축하고, 그 단축된 근로시간에 대한 임금을 보전하기 위하여 금품을 지급하는 경우. 이 경우 전체 피보험자 총 근로시간 등 근로시간의 산정방법에 관하여 필요한 사항은 고용노동부령으로 정한다.

2. 1개월 이상 휴직을 부여하고 그 휴직 기간에 대하여 임금을 보전하기 위해 금품을 지급하는 경우

② 제1항에도 불구하고 사업주가 다음 각 호의 어느 하나에 해당하는 경우에는 관할 직업안정기관의 장이 불가피하다고 인정하는 경우를 제외하고는 해당 달에 대한 고용유지지원금을 지급하지 않는다. 〈개정 2023. 12. 26.〉

1. 사업주가 제1항에 따른 고용유지조치 기간 동안 근로자를 새로 고용하는 경우

2. 사업주가 3년 이상 연속하여 같은 달에 고용유지조치를 실시하는 경우

3. 사업주가 고용유지조치를 하려는 날의 전날 이전 2년 동안 고용유지지원금을 지급받은 사실이 있는 경우에는 그 고용유지조치 기간의 마지막 날의 다음 날부터 6개월 이내에 고용조정으로 소속 피보험자의 100분의 10 이상을 이직시킨 경우

③ 고용노동부장관은 제1항에도 불구하고 법 제21조제1항에 따라 고용조정이 불가피하게 된 사업주가 다음 각 호의 어느 하나에 해당하는 경우에는 고용유지조치의 대상이 되는 피보험자의 피보험자격 취득 기간을 고용노동부장관이 정하여 고시하는 기간으로 달리 정할 수 있다. 〈신설 2020. 12. 29.〉

1. 제18조제2항 각 호의 어느 하나에 해당하는 사업주인 경우

2. 「재난 및 안전관리 기본법」 제3조제1호에 따른 재난 등으로 고용사정이 급격히 악화된 경우

④ 고용노동부장관은 제1항에도 불구하고 파견사업주 또는 도급을 받은 사업주(이하 이 항에서 "수급사업주"라 한다)가 다음 각 호의 어느 하나에 해당하는 경우에는 사용사업주 또는 도급을 주는 사업주의 사업장에 종사하는 피보험자를 대상으로 그 단축된 근로시간 또는 휴직 기간을 산정하여 파견사업주 또는 수급사업주에게 고용유지지원금을 지급한다. 〈신설 2020. 12. 29.〉

　1.「파견근로자 보호 등에 관한 법률」에 따른 파견사업주가 고용유지조치를 실시하고 있는 사용사업주의 사업장에서 종사하는 파견근로자를 대상으로 고용유지조치를 취하여 그 고용유지조치 기간과 이후 1개월 동안 고용조정으로 해당 피보험자를 이직시키지 않은 경우

　2. 수급사업주가 고용유지조치를 실시하고 있는 도급을 주는 사업주의 사업장에서 종사하는 피보험자를 대상으로 고용유지조치를 취하여 그 고용유지조치 기간과 이후 1개월 동안 고용조정으로 해당 피보험자를 이직시키지 않은 경우

⑤ 제1항부터 제4항까지에서 규정한 사항 외에 고용유지지원금의 지원 대상, 지원 요건, 지원 수준, 지원 기간, 신청 기간, 신청 방법 등 지원에 필요한 사항은 고용노동부장관이 정하여 고시한다. 〈신설 2022. 6. 28.〉

5) 고용보험법 제62조 (반환명령 등)

① 직업안정기관의 장은 거짓이나 그 밖의 부정한 방법으로 구직급여를 지급받은 사람에게 고용노동부령으로 정하는 바에 따라 지급받은 구직급여의 전부 또는 일부의 반환을 명할 수 있다.

② 직업안정기관의 장은 제1항에 따라 반환을 명하는 경우에 고용노동부령으로 정하는 바에 따라 거짓이나 그 밖의 부정한 방법으로 지급받은 구직급여액의 2배 이하의 금액을 추가로 징수할 수 있다. 다만, 사업주(사업주의 대리인·사용인, 그 밖에 사업주를 위하여 행위하는 자를 포함한다. 이하 이 조 및 제116조제1항에서 같다)와 공모(거짓이나 그 밖의 부정한 방법에 사업주의 거짓된 신고·보고 또는 증명 등 사업주의 귀책사유가 포함되어 있는 경우를 말한다. 이하 같다)하여 거짓이나 그 밖의 부정한 방법으로 구직급여를 지급받은 경우에는 지급받은 구직급여액의 5배 이하의 금액을 추가로 징수할 수 있다.

③ 거짓이나 그 밖의 부정한 방법으로 구직급여를 지급받은 사람이 사업주와 공모한 경우에는 그 사업주도 그 구직급여를 지급받은 사람과 연대(連帶)하여 제1항 및 제2항에 따른 책임을 진다.

④ 직업안정기관의 장은 구직급여의 수급자격이 있는 사람 또는 수급자격이 있었던 사람에게 잘못 지급된 구직급여가 있으면 그 지급금의 반환을 명할 수 있다.

⑤ 직업안정기관의 장은 제1항·제2항 또는 제4항에 따라 구직급여 지급금을 반환하거나 추가징수금을 납부하여야 하는 사람이 이 법

에 따라 지급받을 구직급여가 있는 경우에는 이를 대통령령으로 정하는 바에 따라 제1항·제2항 또는 제4항에 따른 반환금·추가징수금에 충당할 수 있다.

6) 고용보험법 제70조 (육아휴직 급여)

① 고용노동부장관은 「남녀고용평등과 일·가정 양립 지원에 관한 법률」 제19조에 따른 육아휴직을 30일(「근로기준법」 제74조에 따른 출산전후휴가 기간과 중복되는 기간은 제외한다) 이상 부여받은 피보험자 중 육아휴직을 시작한 날 이전에 제41조에 따른 피보험 단위기간이 합산하여 180일 이상인 피보험자에게 육아휴직 급여를 지급한다.

② 제1항에 따른 육아휴직 급여를 지급받으려는 사람은 육아휴직을 시작한 날 이후 1개월부터 육아휴직이 끝난 날 이후 12개월 이내에 신청하여야 한다. 다만, 해당 기간에 대통령령으로 정하는 사유로 육아휴직 급여를 신청할 수 없었던 사람은 그 사유가 끝난 후 30일 이내에 신청하여야 한다. (396 모성보호와 일·가정 양립 지원 업무편람)

③ 피보험자가 제2항에 따라 육아휴직 급여 지급신청을 하는 경우 육아휴직 기간 중에 이직하거나 고용노동부령으로 정하는 기준에 해당하는 취업을 한 사실이 있는 경우에는 해당 신청서에 그 사실을 기재하여야 한다.

④ 제1항에 따른 육아휴직 급여액은 대통령령으로 정한다.

⑤ 육아휴직 급여의 신청 및 지급에 관하여 필요한 사항은 고용노동부령으로 정한다.

7) 고용보험법 제73조 (육아휴직 급여의 지급 제한 등)

① 피보험자가 육아휴직 기간 중에 그 사업에서 이직한 경우에는 그 이직하였을 때부터 육아휴직 급여를 지급하지 아니한다.

② 피보험자가 육아휴직 기간 중에 제70조제3항에 따른 취업을 한 경우에는 그 취업한 기간에 대해서는 육아휴직 급여를 지급하지 아니한다.

③ 피보험자가 사업주로부터 육아휴직을 이유로 금품을 지급받은 경우 대통령령으로 정하는 바에 따라 급여를 감액하여 지급할 수 있다.

④ 거짓이나 그 밖의 부정한 방법으로 육아휴직 급여를 받았거나 받으려 한 사람에게는 그 급여를 받은 날 또는 받으려 한 날부터의 육아휴직 급여를 지급하지 아니한다. 다만, 그 급여와 관련된 육아휴직 이후에 새로 육아휴직 급여 요건을 갖춘 경우 그 새로운 요건에 따른 육아휴직 급여는 그러하지 아니하다.

⑤ 제4항 본문에도 불구하고 제70조제3항을 위반하여 육아휴직 기간 중 취업한 사실을 기재하지 아니하거나 거짓으로 기재하여 육아휴직 급여를 받았거나 받으려 한 사람에 대해서는 위반횟수 등을 고려하여 고용노동부령으로 정하는 바에 따라 지급이 제한되는 육아휴직 급여의 범위를 달리 정할 수 있다.

8) 고용보험법 시행령 제81조 (구직급여의 반환 등)

① 직업안정기관의 장은 다음 각 호의 어느 하나에 해당하는 조치를 했을 때에는 지체 없이 이를 해당 수급자격자 또는 수급자격자였던 사람(법 제62조제3항에 따른 사업주를 포함한다)에게 알려야 한다. 1. 법 제61조에 따른 구직급여의 지급 제한 2. 법 제62조제1항·제3항 및 제4항에 따른 구직급여의 반환명령 3. 출산전후휴가급여 등 및 육아휴직 급여 부정수급 업무처리 요령 397 4. 법 제62조제2항 및 제3항에 따른 추가징수 5. 법 제62조제5항에 따른 지급받을 구직급여의 반환금·추가징수금에의 충당

② 제1항제2호 및 제3호에 해당하는 조치를 받은 자는 제1항에 따른 통보를 받은 날부터 30일 이내에 해당 금액을 내야 한다. 다만, 낼 금액이 고용노동부장관이 정하는 금액 이상인 경우에는 본인이 신청하면 분할 납부하게 할 수 있다.

③ 직업안정기관의 장은 법 제62조제1항 및 제2항에 따른 반환금과 추가징수금을 납부해야 하는 사람에게 법 제44조에 따라 지급받을 구직급여가 있는 경우 법 제62조제5항에 따라 해당 구직급여의 10분의 1에 해당하는 금액을 해당 반환금·추가징수금에 충당한다. 다만, 해당 반환금·추가징수금을 납부해야 하는 사람이 본문에 따른 금액 이상을 충당하기로 서면 동의하면 그 동의한 금액을 충당할 수 있다.

④ 직업안정기관의 장은 법 제62조제4항에 따른 반환금을 납부해야 하는 사람에게 법 제44조에 따라 지급받을 구직급여가 있는 경우

법 제62조제5항에 따라 해당 구직급여의 전부 또는 일부를 반환금에 충당하기로 서면 동의하면 그 동의한 금액을 충당할 수 있다.

⑤ 제2항 단서에 따른 분할 납부의 절차, 납부기한 등은 고용노동부장관이 정한다. 시행령 제98조(육아휴직 급여의 감액) 고용노동부장관은 법 제73조제3항에 따라 피보험자가 「남녀고용평등과 일·가정 양립 지원에 관한 법률」 제19조에 따른 육아휴직 기간 중 사업주로부터 육아휴직을 이유로 금품을 지급받은 경우로서 매월 단위로 육아휴직 기간 중 지급 받은 금품과 다음 각 호의 구분에 따른 금액을 합한 금액이 육아휴직 시작일을 기준으로 한 월 통상임금을 초과한 경우에는 그 초과하는 금액을 다음 각 호의 구분에 따른 금액에서 빼고 지급한다. 1. 제95조제1항, 제95조의2제1항제2호 또는 제95조의3제1항제2호·제3항제2호에 따른 육아휴직 급여(제95조제3항을 적용하여 일수에 비례하여 계산한 육아휴직 급여를 포함한다)의 경우 : 육아휴직 급여의 100분의 75에 해당하는 금액. 다만, 그 금액이 제95조 제1항 단서, 제95조의2제1항제2호 단서, 제95조의3제1항제2호 단서 또는 같은 조 제3항 제2호 단서에 따른 최소 지급액보다 적은 경우에는 그 최소 지급액으로 한다. 2. 제95조의2제1항제1호, 제95조의3제1항제1호 또는 같은 조 제3항제1호에 따른 육아휴직 급여(제95조제3항을 적용하여 일수에 비례하여 계산한 육아휴직 급여를 포함한다)의 경우: 육아휴직 급여의 100분의 100에 해당하는 금액. 시행규칙 제105조(부정행위에 다른 추가징수 등) ① 법 제62조제2항에 따른 추가징수액은 거짓이나 그 밖의 부정한 방법으로 지급받은 구직급여액에 다

음 표의 구분에 따른 비율을 곱한 금액으로 한다. 구분 비율 거짓이나 그 밖의 부정한 방법으로 구직급여를 받거나 받으려고 한 사람이 그 구직급여를 받은 날 또는 법 제44조제2항에 따른 실업인정에 관한 신고를 한 날부터 소급하여 10년동안 법 제61조제1항 본문에 따라 구직급여의 지급 제한을 받은 횟수 3회 미만 100분의 100 3회 이상 5회 미만 100분의 150 5회 이상 100분의 200

9) 보조금관리에 관한 법률 시행령 제14조 (보조금 반환명령 사실 통보)

제14조(보조금 반환명령 사실 통보)

보조사업자 또는 간접보조사업자는 법 제33조제1항에 따라 보조금수령자에게 보조금 또는 간접보조금의 반환을 명한 경우에는 그날부터 10일 이내에 다음 각 호의 사항을 포함하여 서면으로 그 사실을 해당 보조사업 또는 간접보조사업의 소관 중앙관서의 장에게 통보하여야 한다.

1. 반환명령을 받은 보조금수령자의 성명·상호, 나이 및 주소(법인인 경우에는 그 대표자의 성명·나이·주소 및 법인의 명칭·주소를 말한다)
2. 반환명령의 구체적 사유
3. 반환명령을 받은 보조금수령자가 반환하여야 하는 보조금 또는 간접보조금의 금액
4. 그 밖에 중앙관서의 장이 보조금 또는 간접보조금 반환의 집행과 관련하여 필요하다고 인정하는 사항

[전문개정 2016. 4. 28.]

제14조의2(제재부가금 및 가산금의 부과·징수의 기준 등)

① 법 제33조의2제1항 각 호 외의 부분 본문에 따른 제재부가금(이하 "제재부가금"이라 한다)의 부과기준은 별표 8과 같다. 〈개정 2017. 5. 8., 2021. 12. 14.〉

② 법 제33조의2제1항 각 호 외의 부분 단서에서 "벌금·과료, 몰수·추징, 과징금 또는 과태료를 부과받는 경우 등 대통령령으로 정하는

사유"란 보조사업자등이 보조금 또는 간접보조금의 부정한 수급 등을 이유로 법 또는 다른 법률에 따른 벌금·과료, 몰수·추징, 과징금 또는 과태료(이하 이 조에서 "과태료등"이라 한다)를 부과받는 경우를 말한다.

③ 중앙관서의 장은 과태료등과 제재부가금의 합계액이 반환하여야 할 보조금 또는 간접보조금 총액의 5배를 초과하지 아니하도록 하여야 한다.

④ 법 제33조의2제3항제5호에서 "대통령령으로 정하는 경우"란 제재부가금의 부과·징수에 드는 비용이 부과·징수하려는 제재부가금보다 큰 것으로 인정되는 경우를 말한다.

⑤ 중앙관서의 장은 법 제33조의2제1항에 따라 보조사업자등에 대하여 제재부가금을 부과·징수하는 경우에는 위반행위의 종류와 제재부가금의 금액 등을 밝혀 이를 납부할 것을 서면으로 알려야 한다.

⑥ 제5항에 따른 통지를 받은 보조사업자등은 통지를 받은 날부터 30일 이내에 중앙관서의 장이 정하는 수납기관에 제재부가금을 내야 한다. 다만, 천재지변이나 전시 또는 사변 등 부득이한 사유로 그 기간 내에 제재부가금을 낼 수 없는 경우에는 그 사유가 없어진 날부터 7일 이내에 내야 한다.

⑦ 제6항에 따라 제재부가금을 받은 수납기관은 제재부가금을 낸 자에게 영수증을 발급하고 제재부가금을 받은 사실을 지체 없이 중앙관서의 장에게 통보하여야 한다.

⑧ 법 제33조의2제4항에 따른 가산금은 다음 각 호의 구분에 따라 계산한 금액으로 한다.

1. 납부기한이 경과한 날부터 1개월 이내에 납부하는 경우: 체납된 금액의 100분의 2에 해당하는 금액. 다만, 납부기한이 경과한 날부터 1주일 이내에 납부하는 경우에는 체납된 금액의 100분의 1에 해당하는 금액으로 한다.

2. 납부기한이 경과한 날부터 1개월이 지난 후에 납부하는 경우: 납부기한이 경과한 날부터 1개월이 경과할 때마다 체납된 금액의 100분의 1에 해당하는 가산금을 제1호 본문에 따른 가산금에 더한 금액

⑨ 제1항부터 제8항까지에서 규정한 사항 외에 제재부가금 및 가산금의 부과·징수에 대한 구체적인 사항은 기획재정부장관이 정한다.

3. 부정수급 개념 및 유형

1) 부정수급의 개념

노동부 실업급여, 청년일자리지원금, 신중년 일자리 지원금 및 육아휴직 급여 지원 등 모든 지원액에 대하여 부정수급이라고 하면 거짓 그 밖의 부정한 방법으로 지원금을 신청한 경우를 의미한다. 예를 들어 출산전후휴가 급여, 유산·사산휴가 급여, 육아휴직 급여, 육아기 근로시간 단축 급여(이하 "모성보호급여"라 함)에 대하여 설명하자면, "고용보험 피보험자인 근로자가 「근로기준법」 제74조에 의한 출산전후휴가, 「남녀고용평등법」 제19조에 의한 육아휴직 및 제19조의2에 의한 육아기 근로시간 단축을 일정한 조건에 맞게 사용한 후 받게 되는 급여"를 말한다. 모성보호급여에 대한 부정수급은 거짓 그 밖의 부정한 방법으로 출산전후휴가 급여, 유산·사산휴가 급여, 육아휴직 급여, 육아기 근로시간 단축 급여(이하 "모성보호급여"라 함)를 지급받았거나 받으려 한 것을 말한다. (고용보험법 제73조제4항, 제5항 참조) - 여기서 '거짓이나 그 밖의 부정한 방법'이란 실제 사실에 적합하지 않도록 왜곡하거나 사실을 왜곡할 목적으로 은폐하는 등의 행위를 말하며, - 육아휴직 기간 중 취업한 사실을 기재하지 아니하거나 거짓으로 기재하여 육아휴직 급여를 받았거나 받으려 한 경우 포함한다. - 사기, 협박, 뇌물 등과 같이 형법상의 구성요건에 해당하는 행위는 물론이고, 형법상 범죄를 구성하지 않는 행위 유형을 통한 방법도 포함한다. - 위반자의 고의·과실이 있어야 하는 것은 아니나, 의무 위반을 탓할 수 없는 정당한 사유가 있는 경우에는 부정행위로 보지 아니한다. - 따라서, 사실과 다른 신고를 한 경우 기본적으로는 '부정행위'로 보아 행정 제재를 하되, 수급자가 그러한 행위에 정당한 사유가 있음을 객관적으로 입증한 경우에는 부정행위로 보지 않는다.

이관수 노무사 TIP

거짓, 부정한 행위의 유형은 매우 다양하게 발생할 수 있으므로 획일적으로 정할 수 없습니다. 노동부 실무상에는 고의뿐만 아니라 과실에 대하여도 폭넓게 부정한 행위로 보고 있는 실정입니다. 실제 사실과 다르게 법령상의 급여 지급 요건을 충족한 것으로 보이게 하는 일체의 행위는 모두 부정행위라 할 것이며, 부당이득과 부정수급은 실제 사실에 부합하지 않는 각종 신고·입증·진술·신청 등의 행위가 있었고 이러한 행위의 결과, 실제 지급해야하는 금액보다 많은 금액이 지급된 경우도 해당합니다. 다시 말해 부당이득과 부정수급 모두 법률상 원인이 없는 이득을 취한 것에서는 같으며, 부당이득과 부정수급을 구별하는 핵심기준은 "위반자의 의무 위반을 탓할 수 없는 정당한 사유가 있는 경우나 위반자가 그 의무를 알지 못하는 것이 무리가 아니었다고 할 수 있어 그것을 정당시 할 수 있을 때 등"으로 부정수급 또는 부당이득 판단은 위반자의 행위에 대한 개별적인 사례에 따라 판단할 문제이고 이에 대한 소명을 통하여 부정수급 사례 및 사안을 최소화할 수 있습니다.

부당이득 처리 대상 사례

① 다른 행정기관에서 착오 기록된 내용이 포함된 자료를 발급받아 급여를 신청하고 지급받았으나, 추후 확인 결과 급여가 과다 지급된 것으로 확인되고 위반자(민원인)가 착오 기록된 내용이 있었다는 것을 알지 못하여 자료를 제출한 것으로 확인되는 경우

② 사업주가 확인서 등 기타 자료를 발급해 주었으나, 경리담당자가 내용을 정확히 파악하지 못하고 착오기재하여 내어준 자료를 민원인이 제출하여 급여를 과다 지급 받았을 경우, 경리담당자가 착오기재 하였음이 객관적으로 확인되고 위반자(민원인)가 착오기재 되었다는 것을 알지 못하였다는 것이 확인되는 경우

부당이득의 예

· 지급담당자가 금액 등을 잘못 입력하여 지급한 경우

· 위반자의 의무 위반을 탓할 수 없는 정당한 사유가 있는 경우

· 사업장이 폐업된 사실을 통보받지 못한 상태에서 신청한 경우처럼 신청인이 사실을 인지하지 못한 경우

   - 부당이득과 부정수급의 구별의 실익

· 부당이득의 경우에는 과오급된 금액만 회수(반환명령)함에 그치지만, 부정수급의 경우 해당 부정수급액에 대한 반환명령 외에 추가징수, 지급제한 및 지급제한 기간내 지급액에 대한 반환명령 등의 추가적인 제재가 따름. 부정수급 방지의 보호법익은 재정 및 고용

보험기금의 건전한 운영에 있다.

- 거짓이나 그 밖의 부정한 방법이 사용되었더라도, 그러한 방법에 의하지 않고도 신청내용과 같은 결과를 얻을 수 있는 경우라면 부정수급으로 볼 수 없다. 예를 들어 출산 전휴 휴가 급여를 신청하면서 통상임금이 200만 원임에도 220만 원이라고 신고하고 급여대장 등을 허위로 작성하여 제출한 경우, 어차피 지원한도액인 200만 원까지 지급받을 수 있는 것이므로 부정한 방법이 사용되었지만 부정수급 처분대상은 아니다. (이유 : 지급받을 권리에 영향을 미치지 않음)

※ 이와 같이 부정행위 자체에 대한 처벌이 목적이 아니라 재정 및 고용보험기금의 건전한 운영을 보호하고자함이 목적이므로, 결과적으로 부정행위를 통하여 편취할 수 있는 부정수급금액이 없다면, 재원의 안정성에 끼치는 영향이 없으므로 부정수급처분대상으로 볼 수 없다.

따라서, 민원인이 규정을 몰랐다거나 착오에 의해서 급여를 과다 지급받은 경우에도 부정수급자의 명시적인 자백이 없더라도, 일련의 사실 및 정황을 통해 부정수급으로 처분 가능하다.

2) 부정수급 유형

실업급여 부정수급 유형은 아래와 같다.
1. 피보험자격 취득일 또는 상실일의 허위신고
2. 타인의 자격이용, 위장해고
3. 이직사유, 임금액의 허위기재
4. 법령의 규정에 의한 서류 또는 첨부서류의 위조 및 허위기재
5. 취업사실 또는 부업에 의한 소득의 미신고
6. 취업촉진수당을 지급받기 위한 사업주의 각종 허위증명 등

육아휴직 급여, 출산전후휴가 급여 등에 대해서는 아래와 같다.
1. 휴가휴직 기간 허위신고 등을 통한 부정수급
    - 실제 부여받은 휴가·휴직 기간보다 과다 신고하고 급여 수급
    - 휴가·휴직 기간 동안 근로 또는 조기복직하고 급여 수급
    - 휴가·휴직 기간 중 퇴사사실을 미신고하고 급여 수급
2. 휴가·휴직을 실시하지 않음에도 실시한 것으로 허위신고하고 급여 수급
3. 휴가·휴직 기간 중 이직 및 재취업 사실을 신고하지 않고 급여 수급
4. 사업장이 폐업되었음을 알고도 계속 수급
5. 근로자가 아닌 자의 피보험자격허위신고를 통해 급여 수급
    - 실제 근로하지 않는 자의 피보험자격허위신고
    - 사업주의 동거친족으로서 근로자로 인정되지 않는 자의 피보험자격허위신고

6. 휴가·휴직 기간 동안 급여를 지급받은 사실을 신고하지 않고 감액 없이 수급

7. 통상임금 허위신고를 통해 급여 과다 수급

- 모성보호급여에 있어서 부정행위의 요소는 피보험자가 아니거나, 출산 전후휴가, 유산·사산휴가, 육아휴직, 육아기 근로시간 단축(이하 "휴가·휴직"이라 함)을 사용하지 않고 급여를 받은 경우, 휴가·휴직일수·통상임금 등을 허위신고한 경우 등이 될 것. ※ 더불어 각종 허위 신고, 첨부서류 위조, 허위증명, 부정행위 조력 등의 행위도 부정행위가 됨. 급여 기간 중에 그 사업에서 이직하였을 때부터 육아휴직 급여를 지급하지 아니하고, 취업을 한 경우에는 취업한 기간에 대해서는 육아휴직 급여를 지급하지 아니하며, 사업주로부터 휴가·휴직을 이유로 금품(출산전후휴가 급여의 경우는 통상임금에 해당하는 금품)을 지급받은 경우 대통령령으로 정하는 바에 따라 급여를 감액하여 지급할 수 있음 (법 제73조제1항, 제2항, 제3항)

- 법은 피보험자가 휴가·휴직 기간 중에 이직 또는 고용노동부령으로 정하는 기준에 해당하는 취업을 한 사실이 있는 경우에는 해당 신청서에 그 사실을 기재해야 함(법 제70조제3항)

- 이와 같은 신고의무를 위반하여 이직·취업·금품의 지급사실을 신고하지 않거나, 허위로 신고하여 급여를 지급받은 경우에도 부정행위라 할 것임

3) 육아휴직 급여 등 부정수급의 사례

　모성보호급여의 부정수급은 영유아의 출생 등을 전제로 하기 때문에 부정수급이 많지는 않으나 일반적인 부정수급사례는 휴가·휴직 기간 허위신고, 이직 및 취업 미신고 등이었다. 또한, 부정수급 적발 계기는 불시 확인전화·방문으로 근로사실을 확인한 경우가 많았으며 고용보험 전산망을 통해 피보험자격확인 결과 피보험자격 상실·취득 사실이 확인된 경우도 있다.

모성보호급여의 부정수급 사례
- -

〈모성보호급여 공통〉
- 휴가·휴직 기간 허위신고
  · 실제 부여받은 휴가·휴직 기간보다 과다 신고
  · 휴가·휴직 기간동안 근로 또는 조기복직
  · 휴가·휴직 기간 중 퇴사
- 휴가·휴직 기간 중 이직 및 취업 사실의 미신고
- 근로자가 아닌 사업주의 배우자가 신청

〈출산전후휴가 급여〉
- 휴가 기간 동안 급여 지급받은 사실 미신고
- 통상임금 허위신고

〈육아휴직 급여〉

- 육아휴직을 실시하지 않고 급여 신청
- 불시 확인전화·방문으로 근로사실 확인
- 고용보험 전산망을 통해 피보험자격 확인
- 국민연금 여타 사회보험의 상실·취득 확인을 통해 이직 및 재취업 사실 적발
- 출산전후휴가 급여·육아휴직신청서·육아휴직 장려금 검토과정에서 기간의 불일치 발견
- 임금대장 조사로 근로사실·통상임금 확인
- 자진신고 및 제보

4. 노동부 부정수급 관련 판례 및 쟁점

1) [서울행정법원 2012. 2. 10. 2011구합29069 판결] 행정법규 위반에 가하는 제재조치는 행정목적의 달성을 위하여 행정법규 위반이라는 개관적 사실에 착안하여 가하는 제재이므로 원칙적으로 위반자의 고의·과실을 요하지 아니하나, 위반자의 의무 위반을 탓할 수 없는 정당한 사유가 있는 경우에는 이를 부과 할 수 없다고 할 것이다. (대법원 2000. 5. 26. 선고 98두5972. 판결의 취지 참조)

2) [대법원 2000. 5. 26. 선고 98두5972. 판결] 과태료 같은 행정질서벌은 행정질서유지를 위한 의무의 위반이라는 객관적 사실에 대하여 과하는 제재이므로 반드시 현실적인 행위자가 아니더라도 법령상 책임자에게 부과되고 원칙적으로 위반자의 고의·과실을 요하지 아니하나, 위반자가 그 의무를 알지 못하는 것이 무리가 아니었다고 할 수 있어 그것을 정당시할 수 있을 때 또는 그 의무의 이행을 당사자에게 기대하는 것이 무리라고 하는 사정이 있을 때 등 그 의무 해태를 탓할 수 없는 정당한 사유가 있을 때에는 이를 부과할 수 없다.

3) [대법원 2011. 12. 8. 선고 2009누19892 판결] 조기재취업 수당의 취지와 관련하여 대법원은 "조기재취업 수당은 구직급여 수급자격자가 구직급여를 모두 지급받기 전에 재취직이든 자영업의 영위이든 취업의 형태를 불문하고 안정적으로 재취업하여 소득을 얻을 수 있게 된 경우에는 그에게 소정급여일수분의 구직급여 중 미지급된 부분의 일정 비율에 상당하는 금전을 지급함으로써 실직기간을 최소화시키고 안정된 재취업을 장려하기 위한 것이다"라고 판시하였다.

4) [대법원 2018. 6. 21. 선고 2011다112391 전원합의체 판결] 법률 해석의 방법과 관련하여 대법원은 "법은 원칙적으로 불특정 여러 사람에 대하여 같은 구속력을 갖는 사회의 보편타당한 규범이므로 법의 표준적 의미를 밝혀 객관적 타당성이 있도록 해석하여야 하고, 되도록 모든 사람이 수긍할 수 있는 일관성을 유지함으로써 법적 안정성이 손상되지 않도록 하여야 한다. 한편 실정법은 보편적이고 전형적인 사안을 염두에 두고 규정되기 마련이므로 사회현실에서 일어나는 다양한 사안에서 구체적 사안에 맞는 가장 타당한 해결이 될 수 있도록 해석·적용할 것도 요구된다. 요컨대 법 해석의 목표는 어디까지나 법적 안정성을 저해하지 않는 범위 내에서 구체적 타당성을 찾는 데 두어야 한다. 나아가 그러기 위해서는 가능한 한 법률에 사용된 문언의 통상적인 의미에 충실하게 해석하는 것을 원칙으로 하면서, 법률의 입법 취지와 목적, 제·개정 내력, 법질서 전체와의 조화, 다른 법령과의 관계 등을 고려하는

체계적·논리적 해석방법을 추가로 동원함으로써, 위와 같은 법 해석의 요청에 부응하는 타당한 해석을 하여야 한다"라고 판시하고 있다.

5) [대법원 2003. 9. 23. 선고 2002두7494 판결, 대법원 2013. 6. 13. 선고 2011두7564 판결 참조] 대법원은 "고용보험법 제61조제1항 본문, 제62조에 규정된 거짓이나 그 밖의 부정한 방법이라 함은 일반적으로 수급자격 없는 사람이 수급자격을 가장하거나 취업사실 또는 소득의 발생사실 등을 감추는 일체의 부정행위를 말하는 것으로서 실업급여 지급에 관한 의사결정에 영향을 미칠 수 있는 적극적 및 소극적 행위를 의미한다" 할 것이다.

이관수 노무사 TIP

거짓이나 그 밖의 부정한 방법이라 함은 실무상에서 적극적 행위 가담에 따른 거짓, 부정한 방법뿐만 아니라 소극적 행위로서 실업급여 등에 대한 지급에 관여가 되었거나, 방조한 경우, 동조한 경우까지 폭넓게 해석할 수 있으므로 이에 대하여 사업주 공모 여부를 판단함에 있어 주의를 기울여야 합니다.

6) [대법원 2015. 8. 19. 선고 2015두41289 판결] 대법원 판례를 보면, "고용보험법 제47조제1항에 따른 신고대상인 '근로의 제공'이라 함은 법령상 취업으로 인정되는 경우는 물론 그에 이르지 않는 정도의 것(무급, 임시직 등)이라 하더라도 취업으로 볼 여지가 있거나

문제될 수 있는 상당한 범위의 것도 포함한다고 할 것이며, 근로의 제공 또는 취업 여부는 위 규정을 토대로 수행한 업무의 성질과 내용, 대가성과 반복·계속성 등 근로의 객관적인 형태에 비추어 판단하여야 한다"라고 판시하여 무급의 경우에는 취업에 버금가는 경우를 근로의 제공으로 보고 있다.

7) [대법원 1995. 7. 11. 선고 93다26168 판결] 대법원은 "원래 근로자가 반드시 월 평균 25일 이상 근무하여야만 근로자의 상근성·계속성·종속성의 요건을 충족시키는 것은 아니고, 최소한 1개월에 4, 5일 내지 15일 정도 계속해서 근무하였다면 위 요건을 충족한다. 그리고 형식상으로는 비록 일용직 근로자로 되어 있다 하더라도 일용관계가 중단되지 않고 계속되어 온 경우에는 상용근로자로 보아야 한다"라고 판시하고 있다.

8) [대법원 2006. 12. 7. 선고 2004다29736 판결 참조] 근로기준법상 근로자성 여부의 판단과 관련하여 법원은 "근로기준법상 근로자에 해당하는지에 대해서는 계약 형식이 고용계약인지 도급계약인지 보다 실질적으로 근로자가 사업 또는 사업장에 임금을 목적으로 종속적인 관계에서 사용자에게 근로를 제공하였는지에 따라 판단하여야 하고, 종속적인 관계가 있는지는 업무 내용을 사용자가 정하고 취업규칙 또는 복무(인사)규정 등의 적용을 받으며 업무수행 과정에서 사용자가 상당한 지휘·감독을 하는지, 사용자가 근무시간과 근무 장소를 지정하고 근로자가 이에 구속을 받는지,

노무제공자가 스스로 비품·원자재나 작업도구 등을 소유하거나 제3자를 고용하여 업무를 대행케 하는 등 독립하여 자신의 계산으로 사업을 영위할 수 있는지, 노무제공을 통한 이윤창출과 손실초래 등 위험을 스스로 안고 있는지와 보수의 성격이 근로 자체의 대상적 성격인지, 기본급이나 고정급이 정하여졌는지 및 근로소득세의 원천징수 여부 등 보수에 관한 사항, 근로제공 관계의 계속성과 사용자에 대한 전속성 유무와 그 정도, 사회보장제도에 관한 법령에서 근로자로서 지위를 인정받는지 등 경제적·사회적 여러 조건을 종합하여 판단하여야 한다. 다만, 기본급이나 고정급이 정하여졌는지 근로소득세를 원천징수하였는지, 사회보장제도에 관하여 근로자로 인정받는지 등의 사정은 사용자가 경제적으로 우월한 지위를 이용하여 임의로 정할 여지가 크기 때문에 그러한 점들이 인정되지 않는다는 것만으로 근로자성을 쉽게 부정하여서는 안 된다."

5. 육아휴직 급여 등의 부정수급 처리기준

1) 개요

현행 고용보험법령에서는 출산전후휴가 급여등 및 육아휴직 급여 부정수급자에 대한 제재로서 ① 휴가 및 휴직에 대한 지급제한(법 제73조, 제77조), ② 부정수급액의 반환 및 추가징수(법 제74조, 제77조), ③ 행정형벌(법 제116조제2항) 등을 규정하고 있음 거짓이나 그 밖의 부정한 방법이 사업주(사업주의 대리인·사용인, 그 밖의 종업원을 포함한다)의 거짓된 신고·보고 또는 증명으로 인한 것이면 그 사업주도 그 모성보호급여를 지급받은 자와 연대하여 책임을 물음(법 제73조, 제77조, 법 제62조제3항)

※ 연대는 원활한 부정수급액의 반환 및 추징을 위하여 규정한 것으로 반드시 부정수급자와 사업주에게 공동책임을 물어야 한다는 것이 아니라 부정수급자나 사업주에게 선택적으로 물을 수도 있다.

이관수 노무사 TIP

실무상에서는 근로자와 사업주 양쪽에 사전예고통지서로 통보하고 어느 일방이 추가징수금에 대한 부정수급액을 반환하면 다른 일방은 이에 대한 의무가 면제됩니다.

연대채무는 객관적으로 단일한 목적(부정수급액 반환 및 추가징수액의 납부)을 가지기 때문에, 부정수급자에 의한 것이든 또는 사업주에 의한 것이든 부정수급액 반환 및 추가징수액의 납부가 완료되면 양자의 채무는 소멸 - 실제에 있어서는 징수의 효율성을 높이기 위하여 양자에 각각 100% 금액을 동시에 납부를 명하고 있으며 어느 일방이 금액을 납부하면 다른 일방의 납부 의무는 이미 납부된 금액만큼 줄어들게 되며, 아울러 성실조사 즉시납부 40% 감면 제도가 있으므로 미리 납부계획을 수립하고 대비할 필요성이 있습니다.

※ 민법의 연대채무 관련 규정은 아래와 같습니다.

· 제413조(연대채무의 내용) 수인의 채무자가 채무 전부를 각자 이행할 의무가 있고 채무자 1인의 이행으로 다른 채무자도 그 의무를 면하게 되는 때에는 그 채무는 연대채무로 한다.

· 제414조(각 연대채무자에 대한 이행청구) 채권자는 어느 연대채무자에 대하여 또는 동시나 순차로 모든 연대채무자에 대하여 채무의 전부나 일부의 이행을 청구할 수 있다.

연대책임을 지는 사업주는 해당 부정수급자를 고용하고 있거나 고용하였던 사업주(위장고용 한 경우도 포함) 사업주가 피보험자격 취득 미신고 및 허위 신고·보고 또는 증명을 하는 방법 등으로 부정수급을 방조 또는 교사한 경우에 해당합니다.(해당 사업주가 이익을 얻었는지 여부는 불문)

- 형벌이 부과되는 경우, 법인의 대표자, 대리인, 사용인 그 밖의 종업원이 부정행위에 개입하였다면, 행위자를 벌할 뿐만 아니라 법인에게도 벌금형을 과하게 된다. (법 제117조)

부정수급을 목적으로 행한 거짓 그 밖의 부정한 방법이 고용보험법상 과태료 부과대상인 경우에는 부정수급에 대한 처분과는 별도로 과태료 부과대상행위에 대하여 과태료를 부과한다. (법 제118조)

2) 출산전후휴가 급여 등 및 육아휴직 급여 부정수급 업무처리 요령

(1) 부정수급에 따른 급여의 지급제한/반환명령/추가징수 모성 보호 부정수급 반환명령 범위에 대한 검토 의견(2011. 11. 7., 여성고용정책과)

1. 검토 배경

대구지방고용노동청 포항지청에서 부정수급자의 반환명령 범위에 대하여 질의 (포항지청 취업지원과-4443) 고용보험법은 육아휴직 급여 반환명령에 대하여 실업급여 규정을 준용토록 하고 있으나 - 그 준용범위에 대하여 일선관서에서 혼돈이 있어 이를 해소하고자 한다.

2. 주요 쟁점

가. 육아휴직 지급 제한의 범위(고용보험법 제73조)

· 관련 규정 : 고용보험법 제73조(급여의 지급 제한 등) ① 피보험자가 육아휴직 급여 기간 중에 그 사업에서 이직하거나 새로 취업한 경우에는 그 이직 또는 취업하였을 때부터 육아휴직 급여를 지급하지 아니한다. 고용보험법 제73조는 근로자가 이직 또는 취업하였을 때부터 육아휴직 급여를 지급하지 아니하도록 규정 - 실업급여 부정행위의 경우 고용보험법 시행령 제80조*에 해당하는 경우에는 그 실업인정 대상기간에 한하여 지급을 정지하는 등 예외를 두고 있음 (고용보험법 제61조) * 실업을 인정받으려는 기간 중에 근로를 제공

한 사실을 실업인정을 신청할 때 신고하지 아니하거나 사실과 다르게 신고한 경우/실업인정을 신청할 때 실업인정 대상기간 중의 재취업 활동 내용을 사실과 다르게 신고한 경우 - 그러나, 고용보험법 제73조는 고용보험법 제61조 준용 규정을 두고 있지 않으므로, 육아휴직자가 그 사업에서 이직하거나 새로 취업한 경우에는 고용보험법 시행령 제80조에 해당 여부와 상관없이 "그 이직 또는 취업하였을 때부터" 육아휴직 급여의 지급이 제한됨 모성보호와 일·가정 양립 지원 업무편람

나. 부정수급 반환명령의 범위

· 관련 규정 : 고용보험법 제74조(준용) 육아휴직 급여에 관하여는 제62조를 준용한다. 이 경우 "구직급여"는 "육아휴직 급여"로 본다. 고용보험법 제62조(반환명령) ① 직업안정기관의 장은 거짓이나 그 밖의 부정한 방법으로 구직급여를 지급받은 자에게 지급받은 전체 구직급여의 전부 또는 일부의 반환을 명할 수 있고, …

· 구직급여 부정수급 시 반환명령의 범위 : 구직급여의 경우 고용보험법 시행규칙 제104조에 따라, 일반적인 경우, 경미한 위반의 경우, 자진신고의 경우 등 세분하여 반환명령 범위를 규정하고 있음 기존 질의 회시 부정수급이 행해진 날이 포함된 월에 대하여 반환명령하도록 함 - 다수 월의 급여 신청을 1회에 하였다 하여 정당한 수급자격을 갖춘 월의 급여액까지 반환명령 하는 것은 행정목적 달성을 위해 최소한도의 침해를 선택해야 한다는 비례원칙에 반하므로, 부정수급이 행해진 날이 포함된 월에 대하여만 반환명령 하여야 함

(여성고용과-1783, 2004. 8. 9.)

· 검토 의견 : 고용보험법 제74조는 고용보험법 제62조를 준용하도록 규정하고 있고, 고용보험법 시행령 제97조는 고용보험법 시행령 제81조를 준용하도록 규정하고 있을 뿐, - 구직급여와 관련하여 경미한 경우에 예외를 둔 고용보험법 시행령 제80조 및 부정행위에 따라 반환명령의 범위에 차별을 둔 고용보험법 시행규칙 제104조는 별도의 준용 규정이 없음 - 따라서, 구직급여 부정수급 사례에 준하여 반환명령의 범위를 정하는 것은 바람직하지 않음 고용보험법은 거짓이나 그 밖의 부정한 방법으로 육아휴직 급여를 지급받은 자에게 지급받은 전체 육아휴직 급여의 전부 또는 일부의 반환을 명할 수 있도록 규정하고 있는 바, V. 출산전후휴가 급여 등 및 육아휴직 급여 부정수급 업무처리 요령 - 육아휴직 급여가 매월 단위로 지급되기는 하나, 이는 지급 편의에 따른 것일 뿐, 한 달이 되지 않는 기간에는 일할 계산하여 지급하는 점 등을 볼 때, 근로자가 이직 또는 취업한 날 전날까지는 정당한 육아휴직 기간이므로 - 근로자가 이직 또는 취업한 날 이후에 지급 받은 금액이 거짓이나 그 밖의 부정한 방법으로 지급받은 육아휴직 급여에 해당 따라서, 부정수급이 행해진 날이 포함된 월 전체 육아휴직 급여를 반환하는 것은 타당하지 않고, 부정수급이 행해진 날 이후 지급 받은 육아휴직 급여를 반환하는 것이 타당

※ 기존 질의 회시(여성고용과-1783, 2004. 8. 9.) 폐기 3) 부정행위에 따른 추가징수 범위(고용보험법 시행규칙 개정, 11. 9. 16.) 구「고용보험법 시행규칙」제119조는 "거짓이나 그 밖의 부정한 방법에

따라 지급 받은 육아휴직 급여액의 100분의 100"을 추가징수토록 규정하였으나, - 최근 시행규칙을 개정하여 추가징수를 감면할 수 있는 근거 마련

 ① 원칙 : 육아휴직 급여액의 100분의 100

 ② 부정행위 조사에 성실히 응하고, 부정수급액의 즉시 납부를 서면으로 확약한 경우 : 거짓이나 그 밖의 부정한 방법에 따라 지급받은 육아휴직 급여액의 100분의 60

 ③ 부정행위자 본인이나 사업장에 대한 조사 전까지 부정행위를 자진 신고한 자, 직업안정기관의 장이 생계가 현저히 곤란하다고 인정하는 사람: 추가징수 면제 가능

3. 향후 계획

기존 질의 회시(여성고용과-1783, 2004. 8. 9.)는 폐기하도록 하고, 이후 동 내용을 숙지하여 육아휴직 급여 부정수급처리에 통일성을 기하도록 함

6. 노동부 부정수급 예방 및 형사처벌

우리나라는 실업급여 부정수급에 대해서 고용보험법상 지급제한과 부정수급액의 반환 및 추가징수 외에 형사처벌을 부과하고 있고, 2019. 8. 27. 고용보험법을 개정하여 형사처벌을 강화하였다. 그리고 실무상 일부 부정수급에 대하여 고용보험법 위반죄를 형법상 사기죄와 함께 처벌하고 있다. 2019년 형사처벌 강화 이후에는 근로자와 사업주의 공모형인 경우 구속영장이 청구되는 경우도 있으며, 실형을 선고받기도 한다. 즉 그동안 행정규칙으로만 명시한 공모형 부정수급에 대하여 별도로 형사처벌 규정을 신설하고 구체적인 형사처벌 기준을 명문화한 것이다. 이에 대한 효과로서 실질적으로 공모형 부정수급은 대부분 기소유예의 선처를 받기 어려운 실정이다. 구체적으로 형사처벌 강화에 대한 개정사항을 살펴보면 아래와 같다.

거짓이나 그 밖의 부정한 방법으로 실업급여를 받았거나 받으려 한 자(일반부정수급자)에게는 ① 그 급여를 받은 날 또는 받으려 한 날부터의 구직급여를 지급하지 않고(지급제한, 고용보험법 제61조), ② 지급받은 구직급여의 전부 또는 일부의 반환명령(고용보험법 제62조제1항) 및 지급받은 구직급여액의 2배 이하의 금액 추가징수(고용보험법 제62조제2항전단)하는 것은 개정전과 동일하다. 개정법에서 변경된 부분은 ③ 일반부정수급자의 경우는 형벌의 상한을 1년 이하의 징역 또는 1천만 원 이하의 벌금에서 3년 이하의 징역 또는 3천만 원 이하의 벌금으로 상향(고용보험법 제116조제2항제2호)되었다. 사업주와의 공모형 계획형 부정수급은 객관적 구성요건을 고용보험법에 명시하고, 반환 및 추가징수 시 추가징수 금액을 5배로 강화(고용보험법 제62조제2항후단)하는 한편, 형벌 상한을 5년 이하 징역 또는 5천만 원 이하 벌금으로 강화하여 신설(고용보험법 제116조제1항제2호)하였다. 즉, 공모자 처벌과 관련해서 기존에는 고용보험법에 구체적으로 규정하지 않고 행정규칙(처리규정 제17조)에서 객관적 구성요건을 명시하여 형사고발이 가능하도록 규정하는 것에 그쳤으나, 법 개정을 통해서 고용보험법에 사업주 공모형 부정수급의 객관적 구성요건을 명시하고 형사처벌 규정을 신설하여 형사처벌을 강화한 것이다.

특히 고용보험법은 부정수급의 정의를 '거짓이나 그 밖의 부정한 방법'이라고만 규정하고 구체적인 행위 유형을 명시하고 있지는 않기 때문에 고의 과실과 관계없이 부정수급자에 대해서는 노동부 고용보험수사관은 내사 지휘로 행정 종결이 가능한 기준에 적합하지 않다면 무조건 검찰 송치를 하고 있는 실정이다. 이로 인해 부정수급에 해당하기만 하면 빈곤이나 착오에 의한 것이든 지능적이고 조직적 기망행위에 의한 것이든 불문하고 형사처벌이 가능하게 되어, 고용보험법의 취지 및 사회안정망으로서의 국민의 보호 취지에 적합한지 고려해볼 요소이다.

1) 관계 법령

[고용보험법]

법 제116조(벌칙) ① 사업주와 공모하여 거짓이나 그 밖의 부정한 방법으로 다음 각 호에 따른 지원금 또는 급여를 받은 자와 공모한 사업주는 각각 5년 이하의 징역 또는 5천만 원 이하의 벌금에 처한다.

   3. 제5장에 따른 육아휴직 급여, 육아기 근로시간 단축 급여 및 출산전후휴가 급여등

   4. 제5장의2 및 제5장의3에 따른 구직급여 및 출산전후급여등

② 다음 각 호의 어느 하나에 해당하는 자는 3년 이하의 징역 또는 3천만 원 이하의 벌금에 처한다. 〈개정 2020. 6. 9., 2021. 1. 5., 2022. 12. 31.〉

   1. 제105조(제77조의5제3항·제4항 및 제77조의10제3항·제4항에서 준용하는 경우를 포함한다)를 위반하여 근로자를 해고하거나 그 밖에 근로자에게 불이익한 처우를 한 사업주

   2. 거짓이나 그 밖의 부정한 방법으로 제1항 각 호에 따른 지원금 또는 급여를 받은 자

다만, 제1항에 해당하는 경우는 제외한다.

법 제117조(양벌규정) 법인의 대표자나 법인 또는 개인의 대리인, 사용인, 그 밖의 종업원이 그 법인 또는 개인의 업무에 관하여 제116조의 위반행위를 하면 그 행위자를 벌하는 외에 그 법인 또는 개인에게도 해당 조문의 벌금형을 과(科)한다. 다만, 법인 또는 개인이 그 위반행위를 방지하기 위하여 해당 업무에 관하여 상당한 주의와 감독을 게을리하

지 아니한 경우에는 그러하지 아니하다.

1) 형사처벌 대상 : 「사법경찰직무법」제6조제48호에 따라 「고용보험법」에 규정된 범죄혐의가 확인되는 경우 원칙적으로 모두 입건하여 수사하는 것이 원칙

※「고용보험법」 위반 범죄의 공소시효는 5년. 다만, 「고용보험법」 제116조제1항에 따른 공모형인 경우 7년(형사소송법 제249조). 수급자의 특성, 범죄의 중대성 및 행정 현실 등을 감안하여 일정 사건의 경우 검사의 내사지휘를 받아 행정종결 가능하다.

※ 집무규정 제22조(조사결과에 따른 조치) ① 사건 조사결과 사법처리가 필요한 경우 제25조에 따라 즉시 범죄인지보고 후 수사에 착수하여야 한다. 다만, 범죄의 중대성 등을 감안하여 검사의 지휘를 받아 내사종결 처리할 수 있다.

※ 내사지휘로 행정종결 가능한 유형 : 부정행위자가 다음 각 호의 1에 해당하는 경우 검사의 지휘를 받아 사건을 내사종결 처리할 수 있다. 다만, 공모형 부정수급의 경우는 제외한다.

　　1. 고용보험법 시행규칙(제78조제2항, 제105조) 및 근로자직업능력개발법 시행규칙(제22조의2)에 따라 추가징수를 면제받은 경우. 다만, 3년간 1회로 제한(부정수급처분일 기준)

　　2. 최근 3년간 부정수급 처분이력이 없는 자로서 부정수급액이 100만 원미만인 경우(부정수급처분일 기준)

　　3. 부정행위자가 사망한 경우

　　4. 공소시효가 완성된 경우

　　5. 그 밖에 지방고용노동관서의 장이 사법처리가 필요하지 않다고 인정하는 경우

2) 사업주 등에 대한 형사처벌

(사업주 등) 부정행위에 가담한 사업주(사업주의 대리인·사용인, 그 밖에 사업주를 위하여 행위하는 자를 포함)에 대해서는 「고용보험법」 제116조를 적용하여 송치한다.

다만, 브로커 등이 부정수급에 관여한 공모형 범죄의 경우 「고용보험법」 제116조 및 「형법」 제30조를 적용하여 공동정범으로 입건하여 처벌 가능

※ 형법 제8조에 따라 형법총칙 규정(제1조부터 제86조)은 타 법령에 정한 죄에도 적용 가능

관계 법령

[형법]

법 제8조(총칙의 적용) 본법 총칙은 타법령에 정한 죄에 적용한다. 단, 그 법령에 특별한 규정이 있는 때에는 예외로 한다.

법 제30조(공동정범) 2인 이상이 공동하여 죄를 범한 때에는 각자를 그 죄의 정범으로 처벌한다. (사업주) 부정수급 방지조치를 게을리한 법인(개인 사업주 포함)에 대한 처벌이 필요한 경우 「고용보험법」 제117조를 적용

3) 부정수급 예방을 위한 적발 요령

(1) 제보

가장 큰 유형으로 통상 회사동료 및 내 주변 지인이 제보한다. 심한 경우 전 여자친구, 남자친구가 제보하는 경우도 있으며, 가족이 이혼을 하면서 제보를 하는 경우까지 다양하다. 따라서 부정수급 관련 제보사건에 대해서는 수사관이 누가 제보했는지 여부는 밝힐 수 없으나, 제보사건이라고 언지를 주는 경우는 많다. 또한 노동부에서 긴급하게 사업장을 방문하였다면 제보사건으로 보는 게 현명하다.

부정수급 제보 시 실명(제보자 신분이 확인된 경우)에 한하여 거주지 관할 고용센터에서 신고대상에 대한 부정수급이 확정된 경우 예산의 범위 내에서 포상금을 지급한다. 포상액 산정 기준은 아래와 같으며, 제보자의 신분에 대해서는 비밀이 보장된다.

포상액 산정 기준
실업급여 : 부정수급액의 20% 1인당 5백만 원
육아휴직 급여, 출산전후휴가 급여 등 : 부정수급액의 20% 1인당 5백만 원
고용안정·직업능력개발 부정수급액의 30% : 1인당 3천만 원

(2) IP적발

실업급여 수급 중 일을 하고 있다면 해당 사업장에서 실업급여 교육 및 실업급여 수급신청을 위해서 고용보험 사이트 등에 접속할 수 있다. 전국에 모든 고용보험사이트는 전산을 통해서 IP관리를 하고 있으며, 이때 실업급여 수급자가 사업장에서 접속한 이력이 있다면 부정수급의 심자로 조사 대상자가 되는 것이다.

(3) 4대보험, 사업소득 신고

실업급여 수급 중 근로제공을 하지 않아야 함에도 불구하고 실업급여 신청기간에 수입이 잡혀 있다면 이는 소득 등이 중복하여 실제 근로제공 여부 및 소득 신고에 대한 조사가 이루어질 수 있다.

(4) 체당금 및 임금체불 노동부 신고 시 중복

실업급여 수급기간 임금체불로 노동부 진정제기 또는 체당금 등 정부 지원금을 받는다면 해당 근로자에 대한 실업급여 이력과 체당금등 수령 이력이 중복처리되어 조사가 이루어지게 된다.

(5) 기타 전수조사 및 컨설팅 업체 적발로 조사

최근 대구 경북에서 대단위 부정수급 사례를 적발하였고 확인 결과

컨설팅 업체에서 4대보험 신고 없이 근로하던 근로자들을 4대보험 신고하면서 지원금을 신청한 사건으로 컨설팅 업체를 압수수색하여 관리하였던 모든 업체를 전수조사한 사례가 있다. 따라서 이와 같이 전수조사 및 정기검사를 통해서도 조사가 이루어질 수 있다.

(6) 일용직의 경우 젊은 여성

일용직 신고 이후 현장에서 근로를 제공한 이후 실업급여를 신청하였다면, 현장의 경우 임의로 공수를 처리하여 비용처리하는 사례가 많고 이때 여성의 경우 실제 건설현장 근로제공에 적합하지 않다고 판단하고 실업급여를 수급하였다면 이에 대해 조사가 이루어지게 된다.

(7) 장기근속 이후 퇴사처리, 그다음 1개월 단기계약 후 실업급여

실업급여 수급을 위해서 1개월짜리 지인의 영업장에 신고하고 실제 허위근로를 제공하는 경우가 많고 이에 대하여 단기근로 종료 이후 실업급여 수급을 하였다면 조사대상으로서 확인절차가 필요하다 할 것이다.

(8) 신고하지 않으면 부정수급이 되는 사항

· 실제 근무하지 않았음에도 근무하였다고 허위로 고용보험을 가입한 후 실업급여를 수급하는 경우(위장고용)
· 실제 퇴사하지 않았음에도 퇴사하였다고 고용보험 상실한 후 실업

급여를 수급하는 경우(위장퇴사)

· 사업자등록 사실을 신고하지 않는 경우

    * 사업자등록이 없더라도 사실관계 조사 후 자영업 영위 사실이 객관적으로
    인정되는 경우 포함

· 가족 명의로 본인이 사업(자영업)을 영위하는 경우

· 본인 명의로 가족이 사업(자영업)을 영위하는 경우

· 다단계(암웨이, 다이너스티 등)에 회원가입 하는 경우

    * 단, '자가소비형'인 경우 확인 서류 제출 시 부정수급 대상 제외

· 부인, 자녀 등 친인척 및 주변 사람들의 일을 도와주는 경우(보수를
  지급받지 않은 근로 사실을 신고하지 않는 경우도 해당)

· 사업장에서 근로를 제공하거나 임금 또는 기타 다른 명목으로 금품
  을 지급 받았음에도 이를 실업인정 시 신고하지 않는 경우

    * 근로의 개연성이 있는 모든 소득(번역료, 수수료, 프리랜서 활동 소득, 강
    사료 등 포함)

· 야간부터 근무를 시작하였으나 취업일을 다음 날로 신고한 경우

· 자격증 비치와 관련하여 사업주와 합의로 입사일을 소급하여 처리
  하는 경우(특히, 건설·환경처리 업종)

(9) 기타 사항

기타 사항으로 이와같이 합리적 부정수급 의심사업장 및 의심자로
분류된다면 해당 부서에서 공문발송 및 전화를 통해서 확인절차를 거
치고 진술조서등을 통해서 부정수급 여부를 조사 판단하고 있다.

4) 부정수급 방지 노력

(1) 급여 지급 처리에 대한 사전교육 철저

급여 지급에 대한 최초 교육과정에서 모성보호급여 지급에 관한 제 반사항을 철저히 교육하여 이해 부족으로 부정수급자가 되는 것을 방 지하고 사업주 설명회, 급여 지급 시 부정수급 조치내용 안내 등 부정 수급 방지 노력

(2) 신청서 및 사업주 확인서 작성·제출 시 확인 철저

급여 신청서 등을 접수한 때는 그 작성 목적·요령 등을 알고 있는지 확인하고, 기재하고자 하는 내용이 옳게 작성되었는지 검토

특히, 신청서 접수시 실제 휴가·휴직 기간의 신고, 휴가·휴직 기간 중 의 근로제공 금지, 이직 및 취업시 급여 지급중지 등의 사항을 주지시 켜 부정수급 사전 방지

법은 직업안정기관의 장이 필요하다고 인정하면 육아휴직(출산전후 휴가등 포함) 급여 기간 중의 이직, 취업 여부 등에 대한 조사를 할 수 있도록 권한을 부여하고 있음(법 제109조)

(3) 부정수급 적발 사례 이해

가. 의의

부정수급 전담자 및 사업담당자 등은 고용보험전산망(자동경보시스템, 중복수혜자 조회 등), 제보, 자진신고, 인터넷, 언론보도 등을 통하여 부정수급 의심자나 의심사업장 명단을 확보한 경우에는 지체없이 조사계획을 수립하여 신속·공정하게 조사하고 그 결과를 직업안정기관의 장에게 보고하도록 하고 있다.

나. 부정수급 적발 요령

① 피보험이력 확인

- 급여 신청자의 피보험이력(상실 및 취득)을 확인하여 휴가·휴직 기간 중 이직 및 재취업 사실이 없는지 확인
- 모성보호와 일·가정 양립 지원 업무편람

② 급여 신청자와 사업주 관계 확인

- 근로한 사실이 없는 사람(특히 사업주의 배우자)에 대한 급여 신청 사례도 발생하므로 소규모기업이나 여성들이 소수인 사업장에 대하여 '동거친족만으로 이루어지는 사업 또는 사업장 여부'와 '근로 자 여부'를 확인할 것

 ※ 동거친족만으로 이루어지는 사업 또는 사업장에는 「근로기준법」과 「남녀 고용평등법」이 적용되지 않음

③ 휴가·휴직 기간의 확인

- 휴가·휴직 기간 중 근로를 제공하거나 신고한 기간보다 빨리 복직 하는 등 실제 부여받은 휴가·휴직 기간보다 더 많이 급여를 받아가 는 사례가 많음
- 또한, 육아휴직을 실시하지 않고 급여를 신청하는 경우도 있음

 ※ 근로자인지 여부를 확인하기 위해서는 그 사업장의 구조·생산품·근로자 수·간부 이름·동료이름·연락처·담당했던 직무·거래처 등을 구체적으로 묻는 방법으로 사실관계를 확인할 수도 있을 것임

- 따라서, 불시전화·방문 등을 통하여 부정수급 적발·예방 노력을 강 화하고 사업주 확인서와 급여 신청서 기간 간의 비교, 육아휴직장 려금신청서 처리시 육아휴직부여기간과 급여 신청기간이 일치되는

지 여부를 확인해야 함

※ 휴가·휴직 기간 중 근로여부, 근로자인지 여부를 확인하기 위해서는 그 사업장의 근로자, 퇴사자, 담당 거래처 등에 대한 확인 필요

④ 출산전후휴가 급여액 관련 확인 사항

- 통상임금의 허위신고가 의심되는 경우(동종업종·지역의 기준임금에 비해 통상임금이 과다하게 높은 자 등) 담당자가 임금대장, 소득세원천징수집계표 등을 조사하여 통상임금을 확인하여야 함

※ 동종업종·지역의 기준임금에 비해 30%이상 높은 근로자의 경우 고용보험전산망 처리 과정에서 자동경보작동(사전경보)

- 특히, 출산전후휴가 기간 동안 급여를 지급받은 사실이 의심되는 경우 임금대장 확인 필요

⑤ 부정수급 가능성이 높은 사업장 조사

- 과거 부정수급 사례가 발생한 사업장의 수급자나 300인 이하 사업장에서 수급자수가 5인 이상인 사업장, 기타 10인 이하 영세사업장 중 여성근로자 3인 이하 사업장 수급자에 대하여는 샘플링을 통하여 정기적인 조사를 실시할 필요

⑥ 모성보호급여 중복수혜 여부 조사

- 고용보험전산망으로 모성보호급여에 대한 중복수혜 의심자(휴가·휴직 기간 중 국민연금·건강보험 취득·상실자 등)에 대하여 주기적인 조사를 통한 정당수혜 여부 확인 필요

⑦ 자동경보시스템 (사전, 사후) 경보사항 철저히 대응

- 부정수급 예방 및 적발을 위해서는 위와 같이 피보험자격 및 취득·상실여부 확인, 휴가·휴직 기간의 확인, 통상임금액, 동거친족여부·

근로자성 등의 사실관계에 대한 조사가 필요하나, 모든 수급자를 확인·조사하는 것은 한계가 있으므로 자동경보시스템에서 경보하는 사항을 집중 확인·조사하는 것이 바람직

- 경보가 발생하는 사항에 대해서는 사전·사후 경보 단계에 따라 반드시 각 사업별 담당자 또는 부정수급 전담자가 사실관계를 정확하게 조사하여 처리하고 그 처리결과를 전산 입력하여야 함

이관수 노무사 TIP

부정수급 의심 사업장에 대하여는 관할 고용센터에 자체적인 필터링을 통하여 사전·사후 경보 단계에 따라 자동경보시스템으로 전산에 등록이 됩니다. 따라서 경보 발생 사유에 대한 확인 조치를 하고 이를 바탕으로 관할 노동부에 수사관에게 부정수급 의심 사업장 또는 대상자로 조사가 필요할 시 이관을 하게 됩니다. 담당 수사관은 이러한 사실관계를 근거로 하여 부정수급 여부를 조사하는 것입니다.

⑧ 육아기 근로시간 단축 급여

- 정상 근무한 근로자를 육아기 근로시간 단축을 실시한 근로자로 조작하는 등 부정수급 사례가 발생할 수 있음

- 부정수급이 의심되는 경우, 근로계약서, 임금대장, 출퇴근 카드, 연장근로 신청서, 통장 사본 등 제반 서류를 확인하고 필요한 경우 사업장 방문 및 면담 등을 통해 근로자의 육아기 근로시간 단축 여부를 확인 근로자의 육아기 근로시간 단축 기간에 근로자가 상시적으로 연장근로를 실시한 경우에는 근로자가 명시적으로 연장근로

를 청구하였는지를 확인하여, 확인되지 않으면 남녀고평법 제19조의3제3항 위반으로 처벌

(4) 부정수급 적발 방법 및 사례

사례 1. 사업주와 동거친족 관계 의심되는 자

가. 적발 방법

· 건강보험 피부양자 조회를 통해 동거 친족을 확인
· 고용보험 사업장 카드의 대표자 주소 및 우편발송용주소와 일치 여부 확인
· 주민등록번호 뒷자리가 비슷한지 확인
· 사업장 불시 점검을 통해 타 근로자와의 근로형태와 동거 친족의 근로형태를 비교
· 근로계약서 및 급여대장과 근로자 급여통장을 확인

나. 부정수급 의심내용

정○○의 소속 사업장에서 2년 소급하여 육아휴직장려금을 신청하면서 사업자에서 정○○의 육아휴직 기간을 1년 이상 부여함에 따라 여타 근로자보다 육아휴직부여 기간이 많았다.

다. 조사결과

정○○의 거주지와 소속사업장의 대표자와의 거주지가 동일하고, 건

강보험 피부양자에 정○○과 대표자가 부부로 확인되었다. 상기사업장의 불시방문하여 정○○과 여타 근로자들의 근로형태를 비교하였으나 정○○은 대표자가 부재 시에만 사업장에 방문하여 도와준 것으로 확인되었다.

사례 2. 휴가·휴직 기간 중 근로(조기복직)가 의심되는 자

가. 적발 방법

· 사업장의 피보험자 수가 2인 이하일 경우 육아휴직부여가 곤란한 경우가 많으므로 일단 사업장의 불시 점검을 통해 확인

· 임금대장은 조작이 가능하므로 근로자 급여통장을 통해 확인

· 근로자의 집으로 전화하여 휴가 중인지 확인

· 사업장으로 전화할 경우 그 근로자를 바꿔달라고 하여 근무여부 확인(→ 사업장에서 근로자가 출장 중이라고 하는 경우가 있음)

나. 부정수급 의심내용

박○○의 소속 사업장(어린이집)에서 근로자가 출산전후휴가와 육아휴직을 부여받았으나 당해 사업장에 거주하였기 때문에 근로라기보다는 가끔 도와줬다고 함

다. 조사결과

소속 사업장의 사업주는 급여통장을 버려서 없다고 하였으나 어린이집의 경우 관할구청에 급여신고(급여대장)를 하게 되었기에 관할 구청에 소속사업장의 급여통장을 요청하여 확인한 결과, 출산전후휴가와

육아휴직 기간 동안 매월 근로자의 임금이 지급된 것을 확인

사례 3. 휴가·휴직 기간 중 취업이 의심되는 자

가. 적발 방법

· 휴가 중에 취업을 하였는데 피보험자 취득·상실 신고를 허위로 신고하는 경우가 발생

· 근로자가 워크넷을 통해 취업을 했을 경우 조회를 통해 취업 여부 확인

· 건강보험 등 여타 4대 보험에 피보험 취득 신고가 되어있는지 확인

나. 부정수급 의심내용

민○○의 육아휴직 기간이 2007. 6. 18.~2007. 12. 31. 이었으나 민○○이 2008. 1. 28.에 타 사업장으로 취업이 되어 새로 입사한 사업장에서 민○○를 대상으로 신규고용촉진장려금 신청이 들어와 검토해 본 결과 새로 입사한 사업장으로 워크넷 알선이 2007. 8. 9.로 되어 채용된 것을 확인

다. 조사결과

새로 취업된 사업장에서 민○○의 취득일을 2008. 1. 28.로 신고하였으나 실제 입사일은 2007. 8. 8.로 확인됨에 따라 2007. 8. 8.~2007. 12. 31. 민○○는 이미 타 회사에 이직하였으나 육아휴직 급여 및 각 종 장려금을 지급받기 위해 근로자의 피보험자격 취득일 및 상실일을 허위신고

사례 4. 실질적으로는 이미 퇴사하였으나 피보험자 상실신고를 유예한 자

가. 적발 방법

· 사업장 불시 점검을 통해 확인

· 사업장의 타 근로자와의 면담을 통해 확인

나. 부정수급 의심내용

영업업무를 하던 김○○이 사업장에서 육아휴직을 부여받았다고 하였으나 영업을 하는 사람을 현실적으로 사업장에서 육아휴직 부여하기가 힘들고 또한 김○○의 부인이 전업주부였으므로 굳이 육아휴직을 부여받지 않아도 되는 근로자라고 추정

다. 조사결과

김○○의 사업장에 불시점검을 가서 사업장의 타 근로자에게 김○○이 근무하는지 확인해 본 결과 김○○은 출장중이라고 진술하였으나 김○○과 인사담당자는 육아휴직 때문에 업무인수인계를 위해 잠깐 회사에 나왔을 뿐이었고 임금대장 및 근로자 급여통장을 보내주어 확인했으나 근로자가 급여를 받은 적이 없었음. 그러나 사업주와 유선통화를 해 본 결과 사업주는 김○○이 이미 퇴사를 한 것이며 퇴사를 했기 때문에 업무인수인계를 위해 사업장에 나온 것이고 인사담당자가 육아휴직확인서를 허위로 작성한 것

사례 5. 허위 근로 위장 취업이 의심되는 자

가. 적발 방법

· 건강보험 피부양자 조회를 통해 가족관계 등을 파악
· 고용보험 사업장 카드의 대표자 주소 및 우편발송용주소와 일치 여부 확인
· 고용보험 이력을 비교하고 최종 근무지와 주민등록상 주소지를 비교
· 사업장 불시 점검을 통해 타 근로자와의 근로형태 등 조사
· 근로계약서 및 급여대장과 근로자 급여통장을 확인

나. 부정수급 의심내용

김○○의 고용보험 이력은 디자인,마케팅 회사에 근무경력이 대다수이지만, 마지막 실업급여 수급요건을 충족한 사업장은 일용직 건설현장이었던바, 이에 대하여 고용보험 이력을 비교하게 됨

다. 조사결과

김○○의 거주지와 소속사업장의 거리가 2시간 이상 소요되는 장거리이며, 건설 현장을 방문하여 조사한 결과 타 근로자들이 김○○의 근로내역을 인지하지 못하였으며, 최종적으로 김○○이 실업급여 수급을 목적으로 허위 위장 취업한 것으로 확인됨

사례 6. 실업급여 수급중 근로를 제공한 자

가. 적발 방법

· 제보 및 IP 적발을 통하여 확인

· 근로계약서 및 급여통장을 확인

· 통신사 기지국 열람(1년)을 통하여 위치 추적을 함

나. 부정수급 의심내용

강○○의 실업급여 수급중 근로 제공에 대하여 제보가 들어왔으며, 제보자가 관련 사실관계및 입증자료를 제출하였고, 실업급여 수급을 받으면서 아르바이트를 하였다는 사항

다. 조사결과

강○○의 통장내역상 입금된 내용은 없으나, 사업주와 공모하여 실업급여 수급 사실을 알고 현금으로 지급을 한 사항으로 이에 대하여 수차례 조사시 거짓 진술을 한바, 통신사기지국열람(1년치)자료를 근거로 부정수급 의심 사업장의 기지국 대조를 하였고, 핸드폰 포렌식을 통하여 사업장에 근로를 제공한 사실이 확인됨

7. 고용보험심사제도

1) 개요

"실업급여 수급 등과 관련하여 행정처분에 이의가 있는 경우" 심사 및 재심사를 청구할 수 있습니다. 실업급여 수급자격 불인정, 실업 불인정, 반환명령 등에 이의가 있는 경우 관할 지방 고용보험심사관에게 심사청구가 가능하며 결정에 이의가 있는 경우에는 고용보험심사위원회에 재심청구가 가능합니다. 심사청구는 고용센터의 확인 또는 처분이 있음을 안 날로부터 90일 이내에 원처분을 행한 고용센터에 합니다. 재심사청구는 심사청구에 대한 결정이 있음을 안 날부터 각각 90일 이내에 심사결정을 행한 고용센터에 합니다.

근거규정 : 고용보험법 제87조(심사와 재심사)

① 제17조에 따른 피보험자격의 취득·상실에 대한 확인, 제4장의 규정에 따른 실업급여 및 제5장에 따른 육아휴직 급여와 출산전후휴가 급여등에 관한 처분[이하 "원처분(原處分)등"이라 한다]에 이의가 있는 자는 제89조에 따른 심사관에게 심사를 청구할 수 있고, 그 결정에 이의가 있는 자는 제99조에 따른 심사위원회에 재심사

를 청구할 수 있다. 〈개정 2012. 2. 1.〉

② 제1항에 따른 심사의 청구는 같은 항의 확인 또는 처분이 있음을 안 날부터 90일 이내에, 재심사의 청구는 심사청구에 대한 결정이 있음을 안 날부터 90일 이내에 각각 제기하여야 한다.

③ 제1항에 따른 심사 및 재심사의 청구는 시효중단에 관하여 재판상의 청구로 본다.

2) 심사청구 대상

1. 피보험 자격의 취득·상실에 대한 확인

피보험자는 고용보험적용 사업장에 고용되는 근로자로서 그 의사에 관계없이 피보험자가 됨

※ 적용 제외 근로자 : 65세 이후에 고용된 자(단, 65세 전부터 피보험 자격을 유지하던 사람이 65세 이후에 계속하여 고용된 경우는 적용 〈2019. 1. 15.부터 시행)〉, 월 소정근로시간이 60시간 미만인 자 등

피보험자는 언제든지 근로복지공단에 피보험자격의 취득 또는 상실에 관한 확인청구 가능

2. 고용보험 수급자격 인정과 관련한 처분

구직급여를 지급받고자 하는 자는 자신의 『거주지 관할 지방고용노동관서』를 방문하여 수급자격 인정신청

구직급여 수급요건 :

· 이직일 이전 18개월간 피보험 단위기간이 180일 이상

· 근로의 의사와 능력이 있음에도 불구하고 취업(영리를 목적으로 사업을 영위하는 경우를 포함)하지 못한 상태

· 이직사유가 제58조에 의한 수급자격의 제한사유에 해당하지 않을 것

3. 실업인정과 관련한 처분

실업의 정의 : 피보험자가 이직하여 근로의 의사 및 능력을 가지고 있음에도 불구하고 취업하지 못한 상태

실업인정의 의의 : 지방고용노동관서의 장이 수급자격자에 대하여 실업인정 대상기간 중 각각의 날에 대하여 실업하고 있었는지 여부와 실업인 상태에서 적극적으로 직업을 구하기 위해 노력하고 있다고 인정하는 것

※ 수급자격자가 적극적 구직활동에도 불구하고 실제로 실직상태에 있었을 경우 구직급여 지급

4. 조기재취업수당과 관련한 처분

조기재취업수당의 개요 : 실직자의 실직기간을 최소화, 안정된 직업에 조기 재취직을 장려하기 위한 인센티브 제도

지급기준 : 수급자격자가 수정급여일수를 2분의 1 이상 남기고 재취업한 경우로서, 재취직한 사업주에게 12개월 이상 계속하여 고용되거나, 12개월 이상 계속 스스로 영리를 목적으로 사업을 영위할 경우(재취업한 날 또는 사업을 시작한 날부터 12개월이 경과한 다음날부터 3년 이내에 관할 고용센터에 신청)

※ 사업을 영위한 경우의 조기재취업수당 지급은 수급자격자가 고용보험법 제44조 제2항에 따라 해당 수급기간에 해당 사업을 영위하기 위한 준비활동을 재취업 활동으로 신고하여 실업인정을 받았

을 때에 한함

5. 실업급여 부정수급과 관련한 처분

실업급여 부정수급의 개요 : 피보험자가 실업급여의 수급자체에만 목적을 두고 취직이나 자신의 근로사실을 신고하지 않거나, 허위 또는 부정한 방법으로 실업급여를 받고자 하는 경우
※ 부정수급 사례 : 피보험자격 취득일, 상실일의 허위신고, 이직사유, 임금액의 허위기재, 구직활동의 허위 신고

실업급여 부정행위에 따른 급여의 지급제한 및 반환명령 : 부정행위에 따른 급여의 지급 제한 허위 기타 부정한 방법으로 실업급여를 받은 자는 그 급여를 받은 날로부터 실업급여 지급제한 반환명령 및 추가징수 지방고용노동관서장은 허위 기타 부정한 방법으로 실업급여를 지급받은 자에 대하여 실업급여 전부 또는 일부의 반환명령, 부정수급액의 100% 추가징수

6. 육아휴직 및 출산전후휴가 급여와 관련한 처분

육아휴직 : 근로자가 만 8세 이하의 자녀를 양육을 위하여 신청하는 휴직
지급대상 : 육아휴직 개시일 이전에 피보험단위기간이 180일 이상, 단 과거 구직급여를 지급받았던 기간 제외

지급액 :

- 육아휴직 시작일부터 첫 3개월 : 월 통상임금의 80%에 해당 금액을 월별 지급(상한액 : 월 150만 원, 하한액 : 월 70만 원)

- 4개월부터 육아휴직 종료일 : 월 통상임금의 50%에 해당 금액을 월별 지급(상한액 : 월 120만 원, 하한액 : 월 70만 원)

  ※ 단, 육아휴직 급여의 일부(25%)를 직장복귀 6개월 후에 합산하여 일시불로 지급 출산전후휴가 급여와 관련한 처분

출산전후휴가 : 임신 중의 여성에 대해 출산 전과 출산 후를 통하여 90일의 보호휴가를 주되, 반드시 산후에 45일 이상 부여받아야 함(근로기준법 제74조제1항)

지급대상 : 출산전후휴가가 끝난 날 이전에 피보험단위기간이 180일 이상, 단 과거 구직급여를 지급받았던 기간 제외

지급액 : 대규모기업은 최초 60일을 초과하는 일수, 우선지원대상기업은 90일분

※ 상한액 : 30일분 통상임금이 180만 원 초과시 180만 원

  하한액 : 통상임금이 최저임금에 미달 시 최저임금

7. 국민취업지원제도 수급자격 및 구직촉진수당지급등에 관련한 처분

국민취업지원제도의 개요 : 구직자 취업촉진 및 생활안정지원에 관한 법률에 따른 저소득구직자, 청년실업자, 경력단절여성등 취업취약계층을 대상으로 취업지원서비스와 생계지원을 함께 제공하는 '한국형

실업부조' 제도

 국민취업지원제도 관련 처분 : 국민취업지원제도 수급자격의 결정,
취업지원의 유예, 구직촉진수당지급등에 관한 처분 등

3) 고용보험심사청구

고용보험심사관은 지방고용노동관서 및 근로복지공단과는 독립되어 심사업무를 수행하는 심사관이며, 지방고용노동관서의 실업급여, 육아휴직 급여, 출산전후휴가 급여, 국민취업지원 관련 처분 및 근로복지공단의 고용보험 취득·상실 등 처분에 관한 심사청구(이의신청)에 대한 심사를 수행하고 있다.

고용보험심사관은 일반직 5급 이상의 공무원으로서 고용보험에 관한 심사·재심사 업무에 1년 이상, 또는 고용보험 업무에 2년 이상 종사하거나 이에 상당한 자격이 있다고 고용노동부 장관이 인정한 자 중에서 임명된다.

피보험자격의 취득·상실에 대한 확인, 실업급여 및 육아휴직 급여·산전후휴가 급여에 관한 처분(이하 "원처분등"이라 한다)에 이의가 있는 자가 심사관에게 심사를 청구할 수 있는 민원사무입니다. 원처분 기관에서 통지를 받고 처분을 안 날로부터 90일 이내 고용보험심사청구가 가능하다.

4) 고용보험재심사청구

고용보험심사위원회(현재 14인)는 근로자를 대표하는 2인을 총연합단체인 노동조합의'추천을 받아 위촉하고, 사용자를 대표하는 2인은 전국적 사용자단체에서 추천받아 위촉하고 있다. 그리고 근로자 및 사용자를 대표하는 자 이외의 위원은 다음과 같은 자격을 가진 자 중에서 고용노동부장관의 제청으로 대통령이 위촉하는 위원으로 구성되어 있다.

· 판사·검사 또는 변호사의 자격이 있는 자
· 고등교육법에 의한 대학에서 부교수 이상으로 재직하고 있거나 있었던 자
· 3급 이상의 공무원으로 재직하고 있거나 있었던 자
· 노동 관계 업무에 15년 이상 종사한 자로서 고용노동부장관이 자격이 있다고 인정하는 자
· 사회보험 또는 고용문제에 관한 학식과 경험이 있는 자 중에서 고용노동부장관이 자격이 있다고 인정하는 자
· 심사위원회는 매 회의 시 위원장, 당연직위원, 노사단체에서 추천한 각 1인의 위원을 포함하는 7인 이내의 위원으로 구성 운영되며, 구성된 위원회는 위원 과반수의 출석으로 개회하고, 출석위원 과반수의 찬성으로 의결

고용보험 피보험자격의 취득·상실에 대한 확인, 실업급여 및 육아휴직 급여와 출산전후휴가 급여 등에 관한 처분, 국민취업지원제도에 관

한 처분(취업지원서비스 수급자격 결정, 취업지원의 유예, 구직촉진수당 지급 등)에 대하여 청구된 재심사 사건을 고용보험법 제87조의 규정에 따라 객관적인 합의제 심판기구에서 신속·공정하게 심판하는 제도이다.

위원회의 재결은 고용보험법 제98조 및 같은 법 제102조의 규정에 따라 처분을 행한 지방고용노동관서의 장 또는 근로복지공단을 기속하는 효력을 가진다.

8. 결론

 노동부 부정수급에 대해서는 우리나라만의 문제는 아니며 선진국에서도 고용보험 제도의 한계 및 대책 마련에 고심하고 있다. 우리나라에서는 특히 최근 실업급여 부정수급에 대하여 시립급여라는 이슈가 부각되며 더욱 사회적 문제로 대두되고 있는 실정이다. 실업급여 등 사회보장제도의 보급은 매우 중요하나 이에 따른 부정수급의 사전 방지책 마련도 매우 중요하다. 매년 부정수급의 규모와 액수가 증가하고 있는 추세이며, 갈수록 지능형 범죄 및 브로커의 개입 등 다양한 유형의 부정수급 사례가 발생하고 있다. 따라서 노동부에서는 2019년 고용보험법 개정을 통하여 형사처벌을 강화하며 노동관서에 부정수급조사를 전담하는 부서를 신설하고 부정수급 조사매뉴얼을 배포하고 구체적 조사요령을 제시하고 부정수급 방지에 노력을 기울이고 있다. 하지만 근본적으로 노동부 부정수급에 대한 예방은 철저한 교육과 제도적 보완이 필요함에도 불구하고 이에 대한 해결책이 아쉬운 실정이다. 즉 형사처벌 강화에 초점이 맞추다 보니, 거짓 기타 부정한 방법의 부정수급 개념만으로는 고의 또는 과실의 구분 및 형사처벌 기준을 판단하기 어려우며, 과도한 형사적 처벌에 놓이는 부정수급자가 발생되고 있다. '거짓이나 기타 부정한 방법'이라는 다소 추상적 구성요건을 통해서 불법의 정도와 개연성 및 고의 과실의 유무와 관계없이 일률적인 처분명령에 따른 잠재적 범죄자를 만들 소지도 있다.

따라서 실업급여 부정수급 방지를 위해서는 부정수급자를 적발하여 환수 조치하고 처벌하는 사후적 적발도 중요하지만 실업급여 신청단계에서부터 엄격한 심사를 통해서 사전 점검을 하고 이로 인한 실업급여 수급 중단 및 제지를 통해서 사전적으로 부정수급을 예방할 필요가 있다. 실무상에서도 많은 부정수급자가 상담 중 "몰랐어요" "잘 모르고 그랬습니다"라는 언급을 하는데 결국 일선 현장인 노동부 수사관은 모르는 것도 죄이며, 과실도 형사처벌 대상이라는 통지를 하는 결과로서 이는 고용보험법을 연구하는 전문가로서 안타까운 사정이 아닐 수 없다. 따라서 향후에는 고용보험법의 개정을 통하여 노동부 지원사업에 대하여 사후조치보다는 사전에 철저한 점검과 예방을 강화하고 노동부 부정수급의 지도개선을 통하여 고용보험법의 본래 취지인 사회안정망 구축에 실효성을 더욱 높여 나가길 기대해 본다.

9. 부록

■ 고용보험법 시행규칙 [별지 제114호서식] 〈개정 2023. 6. 30.〉

심사청구서

접수번호		접수일자		처리기간: 30일

청구인	성 명		주민등록번호							-				
	주 소													
									(전화번호:)					

대리인 또는 선정 대표자	성 명		주민등록번호							-				
	주 소													
									(전화번호:)					

피청구인	원처분청

원처분내용	원처분일	년 월 일	원처분을 안 날	년 월 일
	처분내용			

원처분청의 고지유무 및 그 내용

청구취지 및 이유	(별지에서 적은 것과 같음)

「고용보험법」 제77조의5제4항·제77조의10제4항·제91조, 같은 법 시행령 제104조의10·제104조의17·제125조 및 같은 법 시행규칙 제125조의7·제125조의13·제139조에 따라 위와 같이 청구합니다.

년 월 일

청구인   (서명 또는 인)

고용보험심사관 귀하

첨부서류	청구서 부본	수수료 없음

210mm×297mm[백상지(80g/㎡) 또는 중질지(80g/㎡)]

■ 고용보험법 시행규칙 [별지 제126호서식] 〈개정 2023. 6. 30.〉

재심사청구서

접수번호		접수일자	처리기간: 50일

청구인	성 명		주민등록번호					-				
	주 소										(전화번호:)	

대리인 또는 선정대표자	성 명		주민등록번호					-				
	주 소										(전화번호:)	

피청구인	원처분청			
원처분 내용	원처분일	20 . . .	원처분을 안 날	20 . . .
	처분내용		원처분의 고지유무	
결정한 심사관명		결정서를 받은 날	20 . . .	결정이 있음을안 날	20 . . .

심사관의 고지 유무 및 그 내용

청구취지 및 이유	(별지에서 적은 것과 같음)

「고용보험법」제77조의5제4항·제77조의10제4항·제102조, 같은 법 시행령 제104조의10제2호가목·
제104조의17제2호가목·제140조 및 같은 법 시행규칙 제125조의7·제125조의13·제151조에 따라
위와 같이 청구합니다.

년 월 일

청구인   (서명 또는 인)

고용보험심사위원회 위원장 귀하

첨부서류	청구서 부본	수수료 없음

210mm×297mm[백상지(80g/㎡) 또는 중질지(80g/㎡)]

노동부 부정수급
예방 및 대응 매뉴얼

ⓒ 이관수, 2024

초판 1쇄 발행 2024년 6월 20일

지은이   이관수
펴낸이   이기봉
편집   좋은땅 편집팀
펴낸곳   도서출판 좋은땅
주소   서울특별시 마포구 양화로12길 26 지월드빌딩 (서교동 395-7)
전화   02)374-8616~7
팩스   02)374-8614
이메일   gworldbook@naver.com
홈페이지 www.g-world.co.kr

ISBN   979-11-388-3298-4 (13360)